A. Diepolder / E. Reith / S. Schaadt / C. Schuh

NÄHEN mit
KORKSTOFF

Nähen mit Kork

„Geht doch gar nicht, Kork bricht doch und ist viel zu dick." Das waren unsere ersten Gedanken, als wir vom neuen Trendmaterial hörten. Aber weit gefehlt, Kork wird zu sogenanntem weichem Korkstoff verarbeitet und lässt sich deshalb sehr gut nähen. Es ist ein fantastisches Material mit vielen tollen Eigenschaften. Trotz seiner weich-warmen Haptik ist es strapazierfähig und pflegeleicht. Daher eignet es sich perfekt für Accessoires, Taschen, Etuis und allerlei nützliche Dinge, die das Leben schöner machen.

Es macht richtig Spaß, mit Kork zu nähen und ihn mit vielen anderen Stoffen, Ledern oder Filzen zu kombinieren. Da Kork ein gewachsener Rohstoff ist, wird jedes Korkstoffstück schon durch die eigene Struktur und die Verarbeitung zu einem Unikat. Kombinieren Sie diese Einzigartigkeit mit Ihrer eigenen Fantasie und Kreativität und unseren Modellvorschlägen. Das wird auch Sie begeistern und zum Fan von Kork machen.

Probieren Sie es aus und erleben Sie diese Faszination.

Wir wünschen Ihnen nun viel Freude beim Nähen

Cecilia Hanselmann

Carmen Dahler

Ella Hartmann

Inhalt

Kork – ein einzigartiges Material

Kork avanciert aktuell zum Trendmaterial für Mode- und Wohnaccessoires, Taschen und andere Designobjekte. Der nachwachsende Rohstoff überzeugt nicht nur durch seine fantastischen Eigenschaften und die damit verbundenen unzähligen Einsatzmöglichkeiten, sondern auch durch seine Haptik. Es macht einfach Spaß, Kork zu verarbeiten.

Kork wird aus der Rinde von Korkeichen gewonnen. Diese wachsen in naturbelassenen Korkwäldern im Mittelmeerraum und bieten ein natürliches Ökosystem für den Baum und auch für andere Pflanzen- und seltene Tierarten. Eine Korkeiche kann bis zu 300 Jahre alt werden. Da die Rinde nachwächst, kann die Eiche in diesem Zeitraum bis zu 16-mal geschält werden, sie muss

nicht gefällt werden. Durch die Abrindung wird die Regeneration des Baumes sogar noch begünstigt und die Ökobilanz erhöht. Portugal ist weltweit der Hauptlieferant für Kork. Das traditionelle aufwendige Handwerk der Korkproduktion ist neben dem Erhalt des einmaligen und wertvollen Ökosystems auch ein wichtiger Wirtschaftsfaktor mit hoher Nachhaltigkeit. Jedes Gramm der Ernte wird verarbeitet, zum großen Teil für Flaschenkorken, für die Bauindustrie und immer mehr auch für die Modeindustrie. Sie verwendet sogenannten Korkstoff. Dieser kann nur aus dem hochwertigen mittleren Korkbereich gewonnen werden. Hier wird mit organischen Klebstoffen der Kork zu Platten laminiert, danach mit scharfen Schneidewerkzeugen zu dünnsten Schichten geschnitten und jeweils auf einen Trägerstoff aufgebracht, sodass dieser dann wie Stoff oder Leder verwendet werden kann. Korkstoff wird auch gerne bei veganer Lebensart als Ersatz für Leder verwendet, da hier keinerlei tierische Produkte zum Einsatz kommen. Die samtweiche Haptik erinnert allerdings an Leder. Auch die wertvollen Eigenschaften machen Kork zu einem tollen Werkstoff. Durch die gewachsene Struktur ist Korkstoff isolierend, stoßdämpfend, wasserabweisend, formbeständig und abnutzungsresistent. Daneben fühlt es sich weich, warm, natürlich an, ist antistatisch und sogar atmungsaktiv. Seine vollständige biologische Abbaubarkeit und Recyclingfähigkeit machen Korkstoff auch im Hinblick auf Nachhaltigkeit sehr attraktiv. Durch die Resistenz dieses Materials ist die Pflege recht einfach. Genähte Objekte werden ganz einfach mit einem feuchten Tuch abgewischt.

Korkstoff - Galerie

Natural

Marmoriert

Lineas

Granular

Mosaico fein

Mosaico bunt

Mosaico dunkel

Coluna straight

Sol

Laranja

Carmin

Azur

Dunkelbraun

Verarbeitung

Zuschneiden

Für den Zuschnitt können Sie eine scharfe Stoffschere verwenden. Besser schneiden Sie Korkstoff mit einem Rollschneider entlang eines Lineals mit gerader breiter Kante (am besten ein Patchworklineal mit Zentimeterrasterung) auf einer Schneidematte. Sie erhalten hiermit perfekte gerade Kanten, die eine saubere Optik erzielen, wenn Sie die Schnittkanten offen verarbeiten. Kurze Strecken, Aus- oder Einschnitte schneiden Sie am besten mit einer kleinen, aber sehr scharfen Schere.

Hinweis: Korkstoff ist sowohl als Meterware in verschiedenen Breiten als auch in Zuschnitten erhältlich. Für die Modelle im Buch wurde meist Korkstoff verarbeitet, der ca. 1,40 m breit liegt. Es empfiehlt sich, die Stücke stets etwas größer zu kaufen, um Ungenauigkeiten beim Zuschnitt auszugleichen.

Nähen

Korkstoffe können mit handelsüblichen Nähmaschinen bis zu einer Stärke von ca. 5 mm (mehrere Lagen) genäht werden. Auch in Kombination mit Filz, Baumwollwebstoff und Einlagen kann Korkstoff problemlos verarbeitet werden. Sie können alle Modelle mit dem Standardfuß Ihrer Maschine nähen. Ein Teflonfuß oder ein Gleitschichtfuß kann Ihnen die Arbeit etwas erleichtern. Auch der Obertransport bietet Hilfestellung. Für schmale, enge Nähte und für das Einnähen von Reißverschlüssen ist der Reißverschlussfuß nützlich.
Am besten verwenden Sie für das Nähen mit Korkstoff eine Universalnadel Stärke 80. Die Schnittteile können Sie vor dem Nähen sowohl mit Stecknadeln – nur innerhalb der Nahtzugabe, da die Löcher sichtbar bleiben – oder besser noch mit Stoff- oder Foldbackklammern fixieren. Sie können alternativ einzelne Teile zusammen oder auch Accessoires wie Reißverschlüsse oder Bänder vor dem Nähen mit einem doppelseitigen Klebeband für Textilien auf den Korkstoff kleben.
Die Stichlänge sollten Sie nicht kürzer als 2,5 wählen, da die Nähte sonst zu unscheinbar wirken und das Material zu sehr perforieren.
Als Nähgarn empfiehlt sich ein hochwertiges Universalnähgarn im entsprechenden Farbton. In Bezug auf die Farbwahl gilt: Sollte der exakte Farbton nicht verfügbar sein, so wird der nächstdunklere gewählt. Für eine gut sichtbare Naht wählen Sie eine Nuance heller. Möchten Sie die Nähte als Effekt in Szene setzen, wählen Sie starke Kontrast- oder Komplementärfarben.

Schnittmuster anfertigen

Zum Anfertigen von Schnittmustern die Schnittteile vom Bogen kopieren oder abpausen, dabei alle Markierungen übertragen, und entlang der Außenkontur ausschneiden. Bei Schnittteilen mit eingezeichnetem Stoffbruch jeweils ein ausreichend großes Stück Schnittmusterpapier zur Hälfte falten. Das Papier mit dem Falz an die eingezeichnete Mitte legen (= Strich-Punkt-Linie), die Konturen und Markierungen übertragen und das Schnittmuster ausschneiden, dabei das Papier gefaltet lassen.
Für das Anfertigen der Schnittmuster anhand der Schemazeichnungen zeichnen Sie sich auf ein ausreichend großes Papier die exakten Maße wie angegeben in Originalgröße (Angaben in cm). Übertragen Sie auch hier alle Markierungen.

Grundmaterial

Folgende Grundmaterialien werden benötigt und sind in den Anleitungen nicht noch einmal gesondert aufgeführt:

- Nähmaschine inkl. Zubehör
- Nähgarn
- Nähnadeln
- Stecknadeln
- Stoff- oder Foldbackklammern
- kleine Stickschere
- Schnittmusterpapier und Stift
- Schneiderkreide oder Markierstifte
- Stoffschere
- Maßband
- Schneidematte
- Patchworklineal
- Rollschneider
- Werkzeug zur Anbringung von Druckknöpfen oder Klammern (Zange o.Ä.)

Workshop Korkstoff nähen

Ecken und Kanten

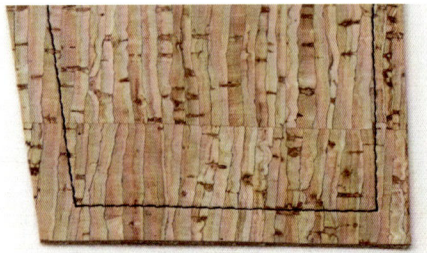

Nähen Sie an den Ecken nur bis zum Ende der Nahtlinie und nicht in die Nahtzugabe. Die Nadel im Material lassen, das Nähmaschinenfüßchen heben, das Teil wenden, das Füßchen wieder absenken und weiternähen.

Verstürzte Naht: Gerade Kante

Vor dem Wenden von eckigen Formen die Nahtzugaben an den Ecken bis ca. 1–2 mm vor die Naht (nicht weiter!) schräg zurückschneiden.

Verstürzte Naht: Rundungen

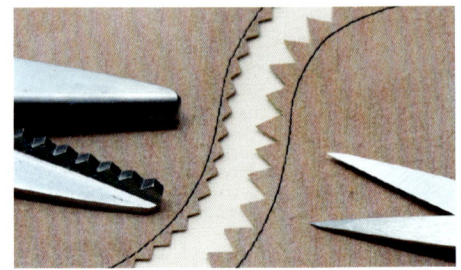

An Rundungen die Nahtzugaben in kleinen Abständen bis ca. 1 mm vor die Naht einschneiden bzw. aus der Nahtzugabe kleine Dreiecke ausschneiden.

Seitenstreifen ansetzen

Am Eckpunkt die Nahtzugabe des Seitenstreifens bis zur Naht einschneiden. Dann den Stoff für die nächste Naht wieder gerade unter die Maschine legen.

Reißverschluss

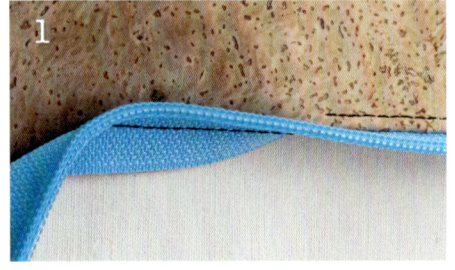

Verstürzt eingenähter Reißverschluss:
Das Reißverschlussband rechts auf rechts auf den Korkstoff legen. Das Reißverschlussband ist bündig zur Schnittkante. Nähen Sie den Reißverschluss mithilfe des Reißverschlussfußes dicht neben den Zähnchen auf dem Band auf. Evtl. von rechts noch schmal absteppen.

Untergenähter Reißverschluss:
Das Reißverschlussband rechts auf links unter den Korkstoff legen, die Zähne liegen ca. 2–3 mm neben der Korkstoffkante. Nähen Sie den Reißverschluss mit ca. 1–2 mm Abstand zur Schnittkante fest.

Zipper aufziehen

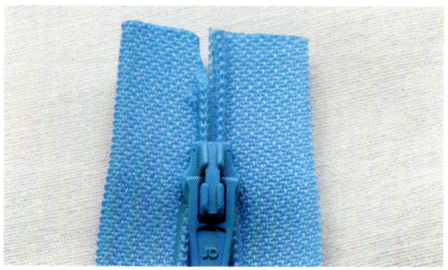

Die Bandenden verschmelzen. Den Zipper mit der breiten Seite auf die Zähne eines Bandes aufziehen, das zweite Band um ein paar Millimeter anschneiden, einfädeln und den Reißverschluss zuziehen. Dabei darauf achten, dass die Materialkanten in gleicher Höhe aufeinandertreffen.

Druckknöpfe

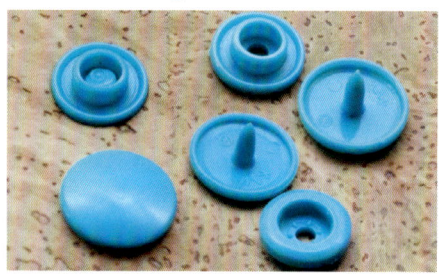

Die Knopfposition markieren. Auf eine Seite des Teiles ein männliches Teil mit einem Gegenstück und auf die andere Seite ein weibliches Teil mit einem Gegenstück mithilfe einer speziellen Zange oder mit dem beigefügten Werkzeug in das Material eindrücken.

Gurtband und Schlaufen

Eine Schnittkante 1 cm breit nach links einschlagen oder das Band doppelt legen, sodass die Bandenden an der Unterseite aneinanderstoßen, mit durchkreuztem Quadrat aufnähen.

Verstellbare Gurte

Das Gurtende um den Mittelsteg des Verstellers legen und festnähen. Das andere Ende durch die Schlaufe und zurück durch den Versteller ziehen.

Kellerfalten

Bei einer Kellerfalte liegen die oberen Stoffbrüche genau über der Faltenmitte. Sie können entweder eingebügelt, abgesteppt oder mit ein paar Stichen auf der Nahtzugabe fixiert werden

Metallteile befestigen

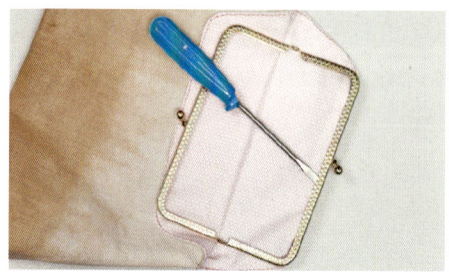

Die Metallverzierungen (Bügelverschlüsse, Bandclips oder Schmuckschließen) zunächst mit einem für Kork, Stoff und Metall geeigneten Kleber fixieren und ggf. nach dem Austrocknen mit einer Flachzange und aufgelegtem Filz als Kratz-/Abdruckschutz fest zusammendrücken.

Dekoratives Trio

KÖRBCHEN

Größe: 15 x 8 cm, 12 x 12 cm, 10 x 10 cm • Schnittteile 16a–c auf Bogen B

Material
Für 3 Körbchen
- 100 x 40 cm Korkstoff Granular
- 100 x 40 cm bedruckter Baumwollstoff
- selbstlöschender Textilstift

Vorbereitung
Gemäß den Schnittteilen 16a (kleines quadratisches Körbchen), 16b (großes quadratisches Körbchen) und 16c (längliches Körbchen) Schnittmuster anfertigen.

Zuschneiden
0,75 cm breite Nahtzugaben sind in den Schnittteilen bereits enthalten.
Aus Korkstoff Granular:
je 1-mal Schnittteil 16a, 16b und 16c
Aus Baumwollstoff:
je 1-mal Schnittteil 16a, 16b und 16c

So wird's gemacht
Für jedes Körbchen Innen- und Außenseite rechts auf rechts aufeinanderlegen, ringsum bis auf eine Wendeöffnung zusammennähen. Die Nahtzugaben einschneiden und an den Ecken schräg zurückschneiden, verstürzen und vorsichtig bügeln. Die Nahtzugabe an der Wendeöffnung beim Bügeln sorgfältig nach innen schlagen und mit einer Stoffklammer sichern. Ringsum knappkantig absteppen.

Mit dem selbstlöschenden Textilstift jeweils in knappem Abstand ringsum parallel zu den Außenkanten Linien ziehen und diese absteppen. Außerdem die „inneren" Ecken mit Linien verbinden (siehe gepunktete Linien Schnittteil). Auch entlang dieser Linien nähen, sie ergeben die Falze. Entlang der Falze die Seiten („Wände") zur Mitte bügeln.

Die oberen Ecken der Seiten mit einigen haltbaren Stichen von Hand zusammennähen.

Tischlein, deck dich ...

PLATZSETS UND UNTERSETZER

Größe: Platzsets 40 x 30 cm, Untersetzer 10 x 10 cm • Schemazeichnungen 13a und b auf Bogen B

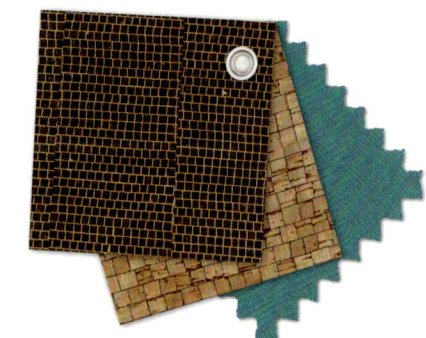

Material

Für 2 Platzsets und 2 Untersetzer
• 100 x 50 cm Korkstoff Mosaico fein
• 30 x 50 cm Korkstoff Mosaico dunkel
• 110 x 35 cm einfarbiger Baumwollstoff

Vorbereitung

Gemäß Schemazeichnungen 13a und b Schnittmuster anfertigen.

Zuschneiden

0,75 cm breite Nahtzugaben sind in den Schnittteilen und Zuschnittmaßen bereits enthalten.

Aus Korkstoff Mosaico fein:
2-mal Schnittteil 13a (Fläche Platzset)
2-mal Schnittteil 13b (Dreieck)

Aus Korkstoff Mosaico dunkel:
10-mal Schnittteil 13b (Dreieck)

Aus Baumwollstoff:
2-mal 31,5 x 41,5 cm (Rückseite Platzset)
2-mal 11,5 x 11,5 cm (Rückseite Untersetzer)

So wird's gemacht

Platzsets

Jeweils ein dunkles Dreieck (Schnittteil 13b) rechts auf rechts an die abgeschrägten Ecken der Schnittteile 13a legen und zusammennähen. Die Nahtzugaben vorsichtig auseinanderbügeln und knappkantig zu beiden Seiten absteppen.

Nun Vorder- und Rückseite rechts auf rechts aufeinanderlegen, rings-um bis auf eine Wendeöffnung zusammennähen. Nahtzugaben an den Ecken schräg zurückschneiden, verstürzen und vorsichtig bügeln. Die Nahtzugabe an der Wendeöffnung beim Bügeln sorgfältig nach innen schlagen und mit einer Stoffklammer sichern. Ringsum knappkantig absteppen.

Untersetzer

Jeweils ein dunkles und ein helles Dreieck rechts auf rechts aufeinan-derlegen und an der langen Kante zusammennähen. Die Nahtzugaben vorsichtig auseinanderbügeln und knappkantig zu beiden Seiten absteppen.

Nun Vorder- und Rückseite rechts auf rechts aufeinanderlegen und ringsum bis auf eine Wendeöffnung zusammennähen. Die Nahtzugaben an den Ecken schräg zurückschneiden, verstürzen und vorsichtig bügeln. Die Nahtzugabe an der Wendeöffnung beim Bügeln sorgfältig nach innen schlagen und mit einer Stoffklammer sichern. Ringsum knappkantig absteppen.

Chic für die City

UMHÄNGETASCHE

Größe: ca. 23 x 20 cm • Schnittteile 2a–c auf Bogen A

Material

- 65 x 25 cm Korkstoff Natural
- 65 x 25 cm Futterstoff
- 60 x 15 cm Leinen in Rot
- 60 x 15 cm Volumenvlies
- 2 Ösen, messingfarben, Ø innen 5 mm
- 1 Taschenkette, messingfarben, mit 2 Karabinern
- 1 Drehverschluss
- Textilkleber
- Cuttermesser

Vorbereitung

Gemäß den Schnittteilen 2a—c Schnittmuster anfertigen.

Zuschneiden

0,75 cm breite Nahtzugaben sind in den Schnittteilen bereits enthalten.

Aus Korkstoff Natural:

2-mal Schnittteil 2a (Taschenbeutel), jeweils bis zur markierten Schnittkante
1-mal Schnittteil 2b (Taschenklappe)
2-mal Schnittteil 2c (Lasche)

Jeweils aus Leinen und aus Volumenvlies:

2-mal Schnittteil 2a (Taschenbeutel), jeweils bis zur markierten Schnittkante

Aus Futterstoff:

2-mal Schnittteil 2a (Taschenbeutel)

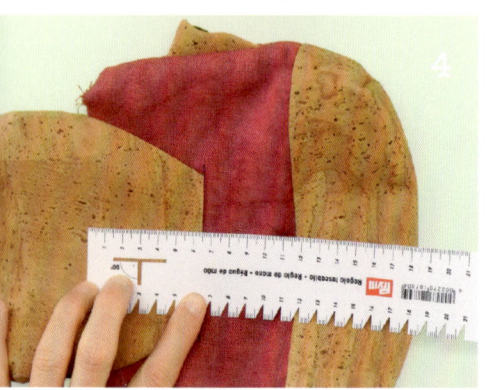

So wird's gemacht

Die Vliesteile auf die linken Seiten der Leinenzuschnitte bügeln.

An der Taschenklappe (Schnittteil 2b) die Nahtzugaben wie eingezeichnet einschneiden, dann die Ecken zwischen ■ und ▲ abnähen. Die Nahtzugaben auseinanderfalten. Die Kanten an den gepunkteten Linien nach links falten und die Umschläge mit Textilkleber festkleben (Abb. 1), dabei die Hersteller-angaben beachten. Die Oberkanten der Laschen ebenfalls an der gepunkteten Linie nach links falten, festkleben und die Ösen wie eingezeichnet anbringen. Die Laschen jeweils rechts auf rechts zur Hälfte falten und die Kanten mit einer schmalen Naht aufeinander fixieren (Abb. 2).

An den Futterteilen * die Seitennähte und die Bodennaht jeweils rechts auf rechts schließen, dabei bleiben die Ausschnitte an den unteren Ecken offen. Außerdem an einer Seitennaht eine ca. 8 cm große Wendeöffnung lassen. Die Nahtzugaben auseinanderbügeln. Dann den Stoff an den Ecken so auseinander-ziehen, dass Seiten- und Bodennaht jeweils rechts auf rechts aufeinanderliegen und die Ecken zwischen ■ und ▲ zusammennähen.

Für den äußeren Taschenbeutel die Korkteile jeweils 1 cm weit (wie einge-zeichnet) über die Leinenteile legen und die Kante des Korks knappkantig feststeppen. Die Laschen wie eingezeichnet mit 0,75 cm Nahtbreite auf die rechte Seite eines Taschenbeutels nähen. Dann die Teile wie für den Futter-taschenbeutel ab * beschrieben ebenfalls zusammennähen, allerdings ohne Wendeöffnung (Abb. 3).

Die Taschenklappe an der Unterkante links auf rechts (mittig und mit 6,5 cm Abstand zur oberen Kante) auf die Rückseite des Taschenbeutels nähen, 1-mal knappkantig und 1-mal füßchenbreit (Abb. 4).

In die Oberkante der Klappe (mittig und 2 cm von der Kante entfernt) und die Vorderseite des Taschenbeutels (wie im Schnitt eingezeichnet) mit dem Cutter-messer Löcher für den Drehverschluss schneiden und die Verschlussteile nach Herstellerangaben montieren.

Futter- und äußeren Taschenbeutel rechts auf rechts ineinanderschieben, die Oberkanten aufeinanderstecken und rundum zusammennähen. Die Tasche wenden, die Oberkante bügeln und die Wendeöffnung schließen, dazu die Nahtzugaben nach links einschlagen und die Kanten möglichst knapp aufeinandernähen. Zum Schluss noch die Karabiner der Taschenkette in die Ösen einhängen.

Hübsch in Ordnung

KOSMETIKTÄSCHCHEN

Größe: ca. 23 x 11 cm (geschlossen)

Material

- 30 x 30 cm Korkstoff Mosaico dunkel
- 60 cm gemusterter Baumwollstoff, 110 cm breit
- 1 beziehbarer Knopf, Ø 3 cm
- 1 Reißverschluss, 25 cm lang

Zuschneiden

0,75 cm breite Nahtzugaben sind in den Zuschnittmaßen bereits enthalten.

Aus Korkstoff Mosaico dunkel:

1-mal 25 x 25 cm

Aus Baumwollstoff:

1-mal 25 x 25 cm (Futter)

1-mal 16 x 25 cm (obere Tasche)

1-mal 22 x 25 cm (untere Tasche)

1-mal 25 x 25 cm (Reißverschlusstasche)

1-mal 4 x 10 cm (Knopfschlaufe)

So wird's gemacht

Den Zuschnitt für die Reißverschlusstasche links auf links zur Hälfte falten und bügeln. Den Reißverschluss unter die Bruchkante legen (die Zähnchen zeigen zur Vorderseite) und knappkantig mit dem Reißverschlussfuß der Nähmaschine festnähen. Die Reißverschlusstasche rechts auf rechts auf das Futter legen, dabei den Reißverschluss 11 cm parallel von der rechten Seitenkante des Futters platzieren und das noch unverarbeitete Band des Reißverschlusses auf das Futter steppen. Die Tasche um den Reißverschluss herum umklappen, sodass die Vorderseite oben und die offenen Kanten an der Seite bündig auf den Kanten des Futterzuschnitts liegen. An der Unterseite den Überstand so abschneiden, dass die Tasche auch hier bündig mit dem Futter abschließt. Die offenen Kanten von Tasche und Futter ringsum knappkantig (innerhalb der Nahtzugabe) mit Zickzackstich versäubern.

Die untere Tasche längs links auf links zur Hälfte (auf 11 x 25 cm) falten und bügeln. Die obere Tasche ebenfalls links auf links zur Hälfte (auf 8 x 25 cm) falten und bügeln. Die untere Tasche mit den offenen Kanten bündig auf der oberen Tasche platzieren, für die Fächer auf der oberen Tasche zwei Linien im 90-Grad-Winkel zu den Seitenkanten markieren, dafür die Breite der Tasche dritteln und absteppen.

Nun die obere und untere Tasche mit den offenen Kanten bündig auf den offenen Kanten des Futters platzieren. Die Taschen und das Futter an den offenen Kanten knappkantig mit Zickzackstich versäubern.

Für die Knopfschlaufe den Streifen der Länge nach zur Hälfte falten und bügeln. Wieder aufklappen und die Längsseiten zum mittigen Falz hin falten und bügeln, dabei darauf achten, dass der mittige Falz nicht herausgebügelt wird. Das Band zusammenklappen, sodass nun die Bruchkanten bündig aufeinanderliegen und bügeln. Die offenen Kanten knappkantig absteppen.

Den Streifen zur Schlaufe legen und mit den offenen Kanten rechts auf rechts mittig an die rechte Seitenkante des Futters knappkantig (innerhalb der Nahtzugabe) annähen, die Schlaufe liegt dabei auf dem Futter.

Das Außenteil aus Korkstoff und das Futter rechts auf rechts aufeinanderlegen (die Schlaufe liegt innen) und ringsum bis auf eine Wendeöffnung zusammennähen. Nahtzugaben an den Ecken schräg zurückschneiden, verstürzen und vorsichtig bügeln. Die Nahtzugabe an der Wendeöffnung beim Bügeln sorgfältig nach innen schlagen und mit einer Stoffklammer sichern. Ringsum knappkantig absteppen.

Den Knopf gemäß Herstellerangaben mit dem Baumwollstoff beziehen. Das Kosmetiktäschchen zusammenklappen, die Schlaufe zur Vorderseite legen, die richtige Stelle für den Knopf anzeichnen und diesen annähen.

Der natürliche Look
VASENHUSSE

Größe: Vase ca. 18 cm hoch, Umfang ca. 27 cm (oder eigenes Vasenmaß) • Schnittteil 22 auf Bogen B

Material
- 1 flaschenförmige Vase. Wichtig ist, dass der Körper der Vase walzenförmig verläuft und nicht etwa rund oder konisch. Für die Vase ENSIDIG (die kleinste Version) von IKEA gibt es ein genau passendes Schnittmuster auf dem Bogen. Für andere Flaschen ein Schnittmuster wie unten angegeben anfertigen.
- ca. 30 x 25 cm Korkstoff Marmoriert, Natural oder Lineas (Maß gilt für die Vase ENSIDIG; für größere/breitere Vasen entsprechend mehr)
- Knete
- Papier
- Bleistift

Vorbereitung
Für die Vase ENSIDIG gemäß Schnittteil 22 das Schnittmuster anfertigen.

Für ein eigenes Schnittmuster drei etwa haselnussgroße Kugeln Knete untereinander auf die Vase drücken. Dann die Vase mit den Knetkugeln auf das Blatt Papier drücken – so kann sie nicht wegrollen – und die Umrisse mit einem Bleistift umfahren. Jeweils oben am Vasenhals und unten am Boden 1,5 cm anfügen und eine Nahtzugabe von 0,75 cm anzeichnen. Das so entstandene Schnittmuster ausschneiden.

Zuschneiden
0,75 cm breite Nahtzugaben sind im Schnittteil bereits enthalten.
Aus Korkstoff:
3-mal Schnittteil 22

So wird's gemacht
Die drei Zuschnitte so an den Längskanten aneinandernähen, dass ein Schlauch entsteht. Diesen wenden und die Husse mit Kraft über die Vase ziehen. Damit sie richtig eng sitzt, evtl. noch einmal nachbessern. Dazu die Husse entlang des Übergangs vom Vasenhals zum Vasenkörper (oder an einer anderen Stelle) noch etwas enger nähen.

Wenn die Husse richtig eng auf der Vase sitzt, den Überstand an der Öffnung und am Boden mit einer scharfen Schere so einkürzen, dass die Husse genau mit der Vase abschließt.

Stylisch und geräumig

Größe: ca. 40 x 34 cm (ohne Träger) • Schnittteil 15 auf Bogen B

Material
- 110 x 50 cm Korkstoff Granular
- 110 x 50 cm Baumwollstoff
- 250 cm Schrägband (oder 110 x 50 cm Baumwollstoff, um selbst Schrägband zuzuschneiden)

Vorbereitung
Gemäß Schnittteil 15 ein Schnittmuster anfertigen.

Zuschneiden
0,75 cm breite Nahtzugaben sind im Schnittteil bereits enthalten.
Aus Korkstoff Granular:
1-mal Schnittteil 15 im Stoffbruch (Außenseite Tasche)
Aus Baumwollstoff:
1-mal Schnittteil 15 im Stoffbruch (Futter Tasche)

So wird's gemacht
Die Außenseite der Tasche aus Korkstoff entlang des unteren Stoffbruchs rechts auf rechts falten und die Seitenkanten zusammennähen. Nahtzugaben vorsichtig auseinanderbügeln und knappkantig zu beiden Seiten absteppen. Die Bodenecken arbeiten, die Ecken sind hier bereits ausgeschnitten. Dafür die Seitennähte jeweils auf die untere Mitte (Stoffbruch) legen. Die offenen Kanten jeder Ecke liegen ebenfalls aufeinander. Diese nun parallel zur Kante zusammennähen. Den Futterzuschnitt aus Baumwollstoff entlang des Stoffbruchs rechts auf rechts falten und die Seitenkanten zusammennähen, Nahtzugaben auseinanderbügeln und die Bodenecken arbeiten, keine Wendeöffnung offen lassen.
Das Futter links auf links in die Außenseite schieben, dabei die Kanten und Nähte bündig übereinander ausrichten. Alle Kanten mit einem Zickzackstich zusammennähen und anschließend mit dem Schrägband einfassen. Dafür das Schrägband auffalten und rechts auf rechts ringsum an die Taschenkante heften. Das Schrägband im Falz von links festnähen. Anschließend die Bruchkante nach außen klappen, heften und knappkantig absteppen.

Zum Schutz der Literatur

BUCHUMSCHLAG

Größe: für ein Buch von ca. 12 x 19 cm, Rücken bis ca. 3 cm (oder nach eigenem Maß)

Material

- ca. 50 x 25 cm Korkstoff Sol
- ca. 20 x 10 cm Korkstoff Laranja
- ca. 40 x 25 cm Filz in Braun, 3 mm stark
- Tornisterschnalle, 3,5 cm lang

Zuschneiden

Die Teile werden wie zugeschnitten verarbeitet, keine Nahtzugaben zugeben.

Aus Korkstoff Sol:

1-mal 42 x 20 cm (oder locker um das Buch herum messen, dabei eine Schmalseite auslassen, plus 14 cm x Höhe des Buches plus 1 cm)

Aus Korkstoff Laranja:

1-mal 12 x 4 cm (Lasche)

Aus Filz:

1-mal 28 x 20 cm
1-mal 12 x 4 cm (Lasche)

So wird's gemacht

Den Korkstoffzuschnitt in Laranja mit der linken Seite nach unten auf den entsprechenden Filzzuschnitt legen und mit Klammern fixieren, ringsum knappkantig absteppen. An einem Ende der entstandenen Lasche das obere Stück der Tornisterschnalle befestigen. Nun die Lasche mittig auf den Korkstoffzuschnitt in Sol legen, das Ende ohne Schnalle ist ca. 11 cm von einer schmalen Kante des gelben Zuschnitts entfernt. Die schmale Kante der Lasche knappkantig aufnähen.

Den Filzzuschnitt links auf links so auf dem Korkstoffzuschnitt in Sol platzieren, dass Ober- und Unterkante bündig sind, an beiden Längsenden stehen ca. 7 cm über. Den Überstand um den Filz herumlegen und die Bruchkanten vorsichtig bügeln. Die Kanten mit Klammern fixieren. An den offenen Kanten knappkantig entlangsteppen, dabei den nach innen geschlagenen Korkstoff mitfassen.

Das Buch in die Hülle legen, die Lasche herumlegen und die Position für das Gegenstück der Schnalle festlegen. Vorsichtig kleine Löcher für die Dornen der Schnalle in den Korkstoff schneiden, dabei nicht durch den Filz schneiden. Die Dornen der Schnalle durch die Löcher führen, nun den Umschlag nach außen wenden und den Filz vorsichtig zurückziehen, die Gegenplatte über die Dornen der Schnalle ziehen und die Dornen umbiegen. Alles wieder zurückfalten.

Mit gelben Akzenten

BUSINESSTASCHE

Größe: ca. 32 x 30 cm (geschlossen) • Schnittteile 5a–c und Schemazeichnungen 5d und e auf Bogen A

Material

- 40 x 90 cm Korkstoff Mosaico dunkel
- 30 x 60 cm Korkstoff Sol
- 20 x 20 cm Korkstoff Dunkelbraun
- 45 cm Futterstoff A, mind. 120 cm breit
- 40 cm Futterstoff B, mind. 120 cm breit
  (Bei einem Stoff mit Musterrichtung kann der Stoffverbrauch höher sein.)
- 35 cm teilbarer Reißverschluss, Meterware, 1 Zipper
- 2 Magnetverschlüsse
- 40 cm leichtes aufbügelbares Stabilisierungsvlies (z. B. Decovil I light), 90 cm breit
- 50 cm leichte Bügeleinlage, 90 cm breit
- je 1 Vierkantring und Schieber aus Metall, silberfarben, 30 mm
- 2 m Gurtband in Gelb, 30 mm breit
- doppelseitiges Klebeband für Textilien

Vorbereitung

Gemäß den Schnittteilen 5a–c Schnittmuster anfertigen.

Zuschneiden

1 cm breite Nahtzugaben sind in den Zuschnittmaßen und in den Schemazeichnungen enthalten. Zuschnittmaße für Vlies und Bügeleinlage enthalten keine Nahtzugaben.

Für den Außenteil der Tasche

Aus Korkstoff Sol:
2-mal 10 x 27 cm (Seitenteile)
2-mal Schnittteil 5a (Bodenecken)
2-mal Schnittteil 5b (Klappenecken 1)
2-mal Schnittteil 5c (Klappenecken 2)

Aus Korkstoff Mosaico dunkel:
1-mal 34 x 83 cm (Taschenteil)

Für den Innenteil der Tasche

Aus Futterstoff A:
2-mal 10 x 27 cm (Seitenteile)
1-mal 42 x 34 cm (große Innentasche)

Aus Futterstoff B:
1-mal 34 x 83 cm (Taschenteil)
1-mal 34 x 34 cm (kleine Innentasche)

Aus Stabilisierungsvlies:
1-mal 32 x 81 cm (Taschenteil)
2-mal 8 x 25 cm (Seitenteile)
2-mal 3 x 3 cm (Verstärkung für Magnetverschluss)

Aus leichter Bügeleinlage:
1-mal 40 x 32 cm (große Innentasche)
1-mal 32 x 32 cm (kleine Innentasche)

Aus Gurtband:
1-mal 10 cm (Schlaufe)
1-mal 190 cm (Taschenband)

So wird's gemacht

Innenteil der Tasche: Zunächst für Taschenteil, Seitenteile, kleine und große Innentasche die jeweiligen Einlagen auf die linke Seite der Futterstoffe bügeln. Danach die kleine Innentasche rechts auf rechts falten und eine Kante zusammensteppen. Die Tasche auf rechts wenden und die Naht und den Umbruch ausbügeln. Für die größere Innentasche den Stoff ebenfalls rechts auf rechts quer auf ein Maß von 21 x 34 cm falten. Eine Seite des Reißverschlusses mit der Bandkante bündig zu den Schnittkanten zwischen die beiden langen Stofflagen legen. Die Zähnchen zeigen hierbei in die Mitte des Stoffes. Die drei Lagen zusammennähen, dazu am besten den Reißverschlussfuß der Nähmaschine einsetzen. Danach auch dieses Taschenteil auf rechts wenden und die Kanten ausbügeln. Nach Wunsch den Umbruch am Reißverschluss schmalkantig absteppen.

Nun die kleinere Tasche mit dem gesteppten Umbruch bündig auf die dem Reißverschluss entgegengesetzte Kante der größeren Tasche legen. Die Taschenteile zusammenstecken und die seitlichen Kanten auf der Nahtzugabe absteppen. Zur Unterteilung der kleineren Tasche ungefähr mittig eine Trennnaht vom oberen Bruch der kleinen Tasche bis zum Taschenende steppen. Um die große Tasche mit dem Reißverschluss schließen zu können, im Abstand von 54 cm ab Kante Vorderteil das zweite Reißverschlussband verstürzt rechts auf rechts (die Zähnchen zeigen zum Stoff in Richtung kurzes Ende) auf das große Taschenteil steppen und den Reißverschluss wieder nach unten klappen. Dann beide Reißverschlusteile mit dem Zipper verbinden und danach die Innentaschen nach unten klappen. Die seitlichen Kanten innerhalb der Nahtzugabe mit einem Steppstich am großen Taschenfutter fixieren. Die Enden des Reißverschlusses vorsichtig zusammennähen, um ein Herausrutschen des Zippers zu verhindern.

Nun zunächst eine Längsseite eines Seitenteiles an das Taschenvorderteil (die Seite des Futters ohne Innentaschen) stecken. Die Kanten bis ca. 1 cm vor der Ecke feststeppen, im Wendepunkt der Ecke die Nahtzugabe des großen Taschenteils ein wenig einschneiden, bis zur Ecke nähen, wenden und weiternähen bis kurz vor die nächste Ecke. Hier wieder einschneiden und die nächste lange Seite steppen.

Das zweite Seitenteil wie eben beschrieben nähen, jedoch hier an einer Seite eine Wendeöffnung von ca. 10 cm lassen. Entsprechend den x-Markierungen in der Schemazeichnung 5d die Positionen des Magnetverschlusses markieren. Auf die linke Seite des Futters in diesem Bereich je ein kleines Quadrat Stabilisierungsvlies aufbügeln und dann die Magnetverschlüsse einarbeiten. Die Tasche wenden.

Außenteil der Tasche: Zunächst die dunkelbraunen Klappenecken auf die gelben Ecken nähen. Diese Dreiecke werden danach auf die Ecken der Taschenklappe gesteppt. Entsprechend der Schemazeichnung mit doppelseitigem Klebeband die gelben Bodenecken auf das Taschenteil kleben und entlang der Kanten aufsteppen.

Nun die jeweiligen Gegenteile des Magnetverschlusses entsprechend des Schemas in das Taschenvorderteil einarbeiten. Anschließend den Metallring auf das kurze Gurtband fädeln, eine Schlaufe legen und diese gemäß Schemazeichnung 5e mit einem durchkreuzten Quadrat auf das obere Ende eines gelben Taschenseitenteils nähen. Auf das obere Ende des anderen Taschenseitenteiles ein eingeschlagenes Ende des langen Gurtbandes mit einem durchkreuzten Quadrat aufnähen.

Nun die Seitenteile wie bei der Innentasche beschrieben, jedoch ohne Wendeöffnung, an das Taschenteil nähen.

Die Innentasche rechts auf rechts passend in die Außentasche stülpen und alle offenen Kanten aufeinanderstecken. Die Kanten steppen, dabei darauf achten, dass die jeweiligen Nähte immer aufeinanderliegen und sich nichts verzieht. Die Tasche durch die Öffnung im Futterstoff wenden und diese entweder mit einem Staffierstich von Hand oder schmalkantig mit einem Steppstich der Nähmaschine schließen.

Zuletzt den Versteller auf den Gurt fädeln, das Gurtende durch die Schlaufe am anderen Taschenseitenteil ziehen und wieder durch den inneren Steg des Verstellers. Das Ende des Gurtes an der Innenseite festnähen.

Für das passende Kleingeld

SCHLÜSSELTÄSCHCHEN

Größe: flache Variante und bauchige Variante 3 x 10 cm • Schemazeichnung 8 auf Bogen A

Material
- 15 x 15 cm Korkstoff Lineas
- 13 cm teilbarer Reißverschluss (Meterware) in Rot mit 1 Zipper
- Bandclips für Schlüsselanhänger
- Flachzange und Filzreste

Zuschneiden

0,75 cm breite Nahtzugaben sind in den Zuschnitt-maßen der Schemazeichnung bereits enthalten.

Aus Korkstoff Lineas:

1-mal 13 x 12 x 11 cm gemäß Schemazeichnung 8

So wird's gemacht

Auf eine schräge Seite des Korkstoffs rechts auf rechts eine Hälfte des Reißverschlusses legen, sodass das Band bündig zur Schnittkante und die Zähnchen auf dem Kork-stoff liegen. Am unteren breiteren Ende steht das Band 1 cm über. Den Reißverschluss mit dem Reißverschlussfüßchen verstürzt auf den Korkstoff nähen. Die Reißverschlussbänder auf die linke Seite umschlagen und den Umschlag schmalkantig absteppen. Die andere Reißverschlusshälfte wie eben beschrieben an die andere Kante nähen. An der unteren offenen Kante (13 cm) die Mitte markieren. Nun den Zipper von unten her aufziehen und den Reißverschluss zur Hälfte schließen. Das Teil auf links wenden. Nun je nach Variante fortfahren:

Bauchige Variante: Die markierte Mitte auf die Mitte des Reißverschlusses stecken. Das Ganze flach drücken (in der Mitte verläuft der Reißverschluss, oben und unten liegen die offenen Kanten, rechts und links liegen die Umbruchkanten des Korkstoffs). An den unteren offenen Kanten jeweils die Umbruchkante nach innen zum Reißverschluss schieben (Abb. 1). Wieder alles flach drücken. Die beiden gefalteten Seiten (vier Lagen übereinander) mit Stoffklammern fixieren. Nun die unteren Kanten mit den Faltungen zweimal füßchenbreit absteppen. Das Teil auf rechts wenden. Den Reißverschluss bis 1,5 cm zur oberen Kante schließen. Nun auch an den oberen offenen Kanten jeweils die Umbruchkante nach innen zum Reißverschluss schieben, bis die Kante nur noch 3 cm breit ist. Das gefaltete Ende in die Öffnung der Schlüsselbandklammer schieben und diese zunächst mit der Hand und danach mithilfe der Flachzange und aufgelegten Filzresten (als Kratz- und Abdruckschutz) sehr fest zusammendrücken. In die Öse der Klammer den Schlüsselring fädeln.

Flache Variante: Die markierte Mitte liegt auf der Mitte des Reißverschlusses. Das Ganze flach drücken (in der Mitte verläuft der Reißverschluss, oben und unten liegen die offenen Kanten, rechts und links liegen die Umbruchkanten des Korkstoffs). Diese Kante im Bereich der Reißverschlussbänder füßchenbreit zusammensteppen. Dann an den unteren offenen Kanten jeweils die Umbruchkanten bis zum Nahtende der eben genähten Naht schieben. Die entstandenen Korkstoffecken auf der oberen und der unteren Seite jeweils Richtung Reißverschluss falten und flach drücken (Abb. 2). Nun die gesamte Kante mit den Faltungen zweimal füßchenbreit absteppen. Das Teil auf rechts wenden.
Nun an den oberen offenen Kanten jeweils die Umbruchkante nach innen zum Reißverschluss schieben, bis die Kante nur noch 3 cm breit ist. Das gefaltete Ende in die Öffnung der Schlüsselbandklammer schieben und diese zunächst mit der Hand und danach mithilfe der Flachzange und aufgelegten Filzresten (als Kratz- und Abdruckschutz) sehr fest zusammendrücken. In die Öse der Klammer den Schlüsselring fädeln.

Cooles Cap

MÜTZE

Größe: für einen Kopfumfang von ca. 55–57 cm • Schnittteile 18a–c auf Bogen B

Material

- ca. 45 x 70 cm Korkstoff Natural
- ca. 45 x 70 cm gemusterter Baumwollstoff
- 15 cm Gummiband, 1,5 cm breit
- ca. 15 x 30 cm mittelfeste Bügeleinlage

Vorbereitung

Gemäß Schnittteil 18a–c Schnittmuster anfertigen, dabei Schnittteil 18c (Bügeleinlage) entlang der gestrichelten Linie zuschneiden.

Zuschneiden

0,75 cm breite Nahtzugaben sind in den Schnittteilen und Zuschnittmaßen bereits enthalten.

Aus Korkstoff Natural:
1-mal Schnittteil 18a (Krone)
1-mal Schnittteil 18b (Schild)
1-mal 8,5 x 62 cm (Seitenband)

Aus Baumwollstoff:
1-mal Schnittteil 18a (Futter Krone)
1-mal Schnittteil 18b (Futter Schild)
1-mal 8,5 x 62 cm (Futter Seitenband)
1-mal 5,5 x 12 cm im schrägen Fadenlauf 45 Grad

Aus Bügeleinlage:
1-mal Schnittteil 18b (Schild)

So wird's gemacht

Das Seitenband der Breite nach rechts auf rechts falten und die beiden schmalen Kanten zusammennähen, sodass ein Ring entsteht. Die Nahtzugaben auseinanderbügeln. Das Seitenband zweimal falten, um vier gleich lange Abschnitte zu erhalten. Mit Bleistift innerhalb der Nahtzugabe leicht markieren und rechts ringsum die Krone mit Stoffklammern fixieren. Die Markierungen aufeinander ausrichten und festnähen. Die Nahtzugaben zur Krone bügeln und von rechts knappkantig neben der Naht auf der Krone feststeppen. Das Futter ebenso nähen, dabei jedoch eine Wendeöffnung offen lassen.

Auf die Rückseite des Schildzuschnitts aus Korkstoff die Einlage bügeln, die Schildzuschnitte rechts auf rechts aufeinanderlegen und die Außenkante zusammennähen. Die Nahtzugaben zurückschneiden, den Schild auf rechts wenden und bügeln. Die Außenkante knappkantig absteppen, die offenen Innenkanten im Bereich der Nahtzugabe mit Zickzackstich versäubern. Den Schild rechts auf rechts an die untere Kante des Seitenbands aus Korkstoff nähen, dabei die vorderen Mitten aneinander ausrichten.

Futter und Außenseite rechts auf rechts ineinanderstecken (der Schild liegt dazwischen) und an der Unterkante ringsum zusammennähen. Durch die Wendeöffnung wenden und die Wendeöffnung von Hand schließen. Die Längskanten des schräg zugeschnittenen Zuschnitts links auf links zur Mitte falten und bügeln, die kurzen Enden ebenfalls ca. 1 cm nach links falten und bügeln. Das Schrägband entlang der Unterkante in der hinteren Mitte auf dem Futter platzieren und oben und unten knappkantig festnähen. Das Gummiband durch den entstandenen Tunnel fädeln, an einem Ende das Schrägband knappkantig absteppen und dabei auch das Gummiband festnähen. Die Länge des Gummibands an den Kopfumfang anpassen, das andere Ende des Tunnels ebenfalls schließen und das Gummiband an beiden Enden knapp abschneiden.

Perfekt organisiert

KONFERENZMAPPE

Größe: ca. 35 x 35 cm, für DIN-A4-Ordner mit 8 cm breitem Rücken • Schemazeichnung 6 auf Bogen A

Material

- 125 x 35 cm Korkstoff Lineas
- 125 x 35 cm Wollfilz in Beige
- 12 x 35 cm Korkstoff Granular
- 8 x 30 cm Korkstoff Coluna straight
- 5 verschiedene Korkstoffreste, 35 cm lange und mind. 2 cm breite Streifen
- 2 Rundholzstäbe in Buche, Ø 14 mm, 30 cm lang
- doppelseitiges Klebeband für Textilien
- DIN-A-4 Ordner mit 8 cm Rückenbreite

Zuschneiden

Die Teile werden wie zugeschnitten verarbeitet.

Aus Korkstoff Lineas:

1-mal 123 x 34,5 cm (Ordnerteil)

Aus Wollfilz:

1-mal 123 x 34,5 cm (Ordnerteil)

Aus Korkstoff Granular:

1-mal 11 x 32 cm (große Innentasche)

Aus Korkstoff Coluna straight:

1-mal 8 x 30 cm (kleine Innentasche)

Aus den verschiedenen 35 cm langen Korkstoffstreifen:

2 Streifen von 2 x 35 cm und 3 Streifen von 1 x 35 cm

(für das Flechtwerk aus unterschiedlichem Kork)

So wird's gemacht

Zu Beginn gemäß der Schemazeichnung den ovalen Schlitz (für Visitenkarten o. Ä.) in die kleine Innentasche sowie die Schlitze für die Flechtstreifen und die Grifföffnungen in das Ordnerteil aus Korkstoff schneiden. Nun die kleinere Innentasche bündig links auf rechts auf die größere Innentasche legen und diese an den seitlichen und der unteren Kante zusammensteppen. Die Unterteilungen (siehe Schemazeichnung) ebenfalls absteppen. Die zusammengenähte Tasche links auf rechts auf die 21 cm lange Umschlagseite des Ordnerteils legen und diese ebenfalls an den seitlichen und unteren Kanten schmalkantig aufsteppen. Nun in die breiteren Schlitze des Ordnerteils zwei schmale und einen breiteren Streifen flechten und in die schmaleren Schlitze einen breiten und einen schmalen Streifen. Die Enden jeweils mit einem kleinen Stück doppelseitigem Klebeband fixieren.

Das Ordnerteil aus Korkstoff links auf rechts passgenau auf das Ordnerteil aus Filz legen, die Kanten mit Stoffklammern fixieren und die Lagen schmalkantig zusammensteppen. Die Schnittkanten der Grifföffnung ebenfalls schmalkantig auf den Filz steppen. Danach bündig zur Schnittkante des Korkstoffteils ebenfalls ein Griffloch in den Filz schneiden. Nun die Schmalseiten entsprechend der Markierungen nach innen umschlagen (Filz auf Filz), die Kanten klammern und diese schmalkantig und möglichst auf der zuvor genähten Naht feststeppen. Danach die Rundstäbe bis in den Umbruch in die Umschläge schieben. Zur Fixierung der Stäbe die langen Kanten der Grifflöcher passgenau übereinander zusammensteppen. Zuletzt den Ordner in die Hülle schieben.

Ein Fach für alle Fälle

KULTURTASCHE ZUM AUFHÄNGEN

Größe: ca. 30 x 55 cm (aufgehängt) • Schnittteil 19a und Schemazeichnung 19b auf Bogen B

Material

- 60 x 35 cm Korkstoff Mosaico dunkel
- 10 x 10 cm Korkstoff Natural
- 50 cm hellbrauner Baumwollstoff in Leinenoptik, 110 cm breit
- 90 cm hellgrauer Baumwollstoff in Leinenoptik, 110 cm breit
- 2 m transparente Folie zum Aufbügeln, 45 cm breit
- je 1 Reißverschluss in Schwarz und Hellgrau, 25 cm
- 1 Drehverschluss
- 30 cm Gummilitze, 6 mm breit
- doppelseitiges Klebeband für Textilien, 4 mm breit
- farblich passendes Schrägband in Hellbraun

Vorbereitung

Gemäß Schnittteil 19a ein Schnittmuster anfertigen.
Beide Sorten Baumwollstoff nach Herstellerangaben vollständig mit der transparenten Folie bebügeln.

Zuschneiden

0,75 cm breite Nahtzugaben sind in den Zuschnittmaßen bereits enthalten.

Aus Korkstoff Mosaico dunkel:
1-mal 55 x 30 cm (Außenseite)

Aus Korkstoff Natural:
1-mal 4 x 3 cm

Aus Baumwollstoff in Hellgrau:
1-mal 30 x 55 cm (Innenfutter)
1-mal 30 x 31,5 cm (obere Reißverschlusstasche)

Aus Baumwollstoff in Hellbraun:
1-mal 30 x 27 cm (untere Reißverschlusstasche)
1-mal 30 x 17 cm (mittlere Tasche mit Falten)

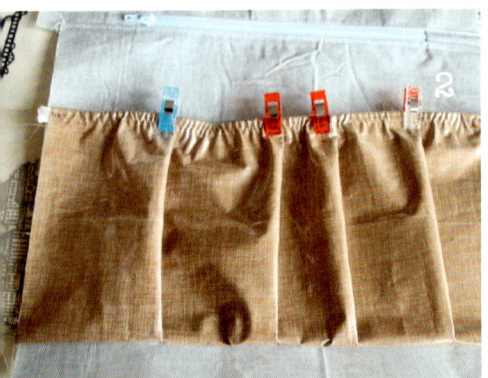

So wird's gemacht

Den hellgrauen Zuschnitt für das Innenfutter und den Korkstoff für die Außenseite an jeweils einem Ende mithilfe des Schnittteils 19a abrunden. Das Innenfutter auf der Rückseite entlang der Außenkante mit doppelseitigem Klebeband versehen, die Schutzfolie entfernen und das Futter passgenau links auf links auf dem Korkstoff platzieren. Das Drehstück des Drehverschlusses auf die linke Seite des kleinen Stücks Korkstoff Natural legen und mit einem Kugelschreiber umrunden. Ausschneiden und ca. 7 cm oberhalb der Unterkante mittig auf die Außenseite der Tasche steppen. Dann den Drehverschluss nach Herstelleranweisung anbringen: Das Ösenstück ca. 2 cm unterhalb der Spitze, das Gegenstück am unteren Ende genau mittig auf dem Korkoval. Für die untere Reißverschlusstasche den 30 x 27 cm großen hellbraunen Stoffzuschnitt in drei Streifen à 19,5 x 30 cm, 5 x 30 cm und 2,5 x 30 cm teilen. Vom schmalsten dieser Streifen zwei Stücke von 2,5 x 7 cm abtrennen. Diese beiden kurzen Streifen mit der schmalen Seite rechts auf rechts an die Enden des schwarzen Reißverschlusses nähen. Die Streifen umklappen und von rechts knappkantig feststeppen. Das breite Stück Stoff unterhalb und den schmalen Streifen oberhalb des Reißverschlusses festnähen und absteppen. Evtl. überstehende Reißverschluss-abdeckung bündig einkürzen (Abb. 1). Die erste, untere Reißverschlusstasche bündig auf das untere Ende der Kulturtasche legen. Ein Stück doppelseitiges Klebeband für Textilien ca. 1 cm unterhalb des oberen Randes der Tasche aufkleben.

Für die obere Reißverschlusstasche den 30 x 31,5 cm großen hellgrauen Stoffzuschnitt in drei Streifen à 24 x 30 cm, 5 x 30 cm und 2,5 x 30 cm teilen. Vom schmalsten dieser Streifen zwei Stücke von 2,5 x 7 cm abtrennen. Nun wie oben beschrieben daraus eine Reißverschlusstasche fertigen und auf dem Untergrund anbringen. Die Oberkante der Tasche um ca. 1 cm nach hinten umklappen und knappkantig feststeppen.

Auf die Rückseite entlang einer der langen Kanten des 30 x 17 cm großen hellbraunen Stoffzu-schnitts etwa 5 mm unterhalb der Kante mit Zickzackstich und leichtem Zug die Gummilitze aufnähen. Die Kante nach unten klappen und von der Gegenseite aus auf den überstehenden 5 mm feststeppen. Das Stück nun in jeweils 8, 15, 19 und 25 cm Entfernung von der linken Kante in Falten legen und diese Falten oben und unten mit Stoffklammern fixieren. Überprüfen, ob die Gesamtbreite des Stücks die benötigten 30 cm aufweist, und ggf. die Faltungen korrigieren. Die Schutzfolie des Klebebandstreifens auf der oberen, hellgrauen Reißverschlusstasche entfernen und die mittlere Tasche mit der Unterkante rechts auf rechts auf dieses Klebeband (die Kante mit der Gummilitze zeigt dabei nach unten) kleben. Die Tasche nach oben klappen und mit den Fingern an der Unterkante eine saubere, gerade Linie falzen (Abb 2). Die Tasche entlang dieser Linie knappkantig absteppen (Stichlänge 3 mm). Dann die Tasche entlang der Innenseite der Faltungen auf dem Untergrund feststeppen. Dazu eine Falte nach der anderen auseinander-klappen und eine Steppnaht von der Oberkante der Tasche bis ca. 3 cm oberhalb der Unterkante nähen.

Alle drei Lagen entlang der Außenkante mit Zickzackstich zusammennähen und mit Schrägband einfassen.

Fashionistas Liebling

CLUTCH

Größe: 27 x 30 cm (aufgeklappt)

Material

- 35 x 40 cm Korkstoff Coluna straight
- 35 x 40 cm Korkstoff Laranja
- 30 x 10 cm Korkstoff Natural
- 40 cm Baumwollstoff mit Blumendruck auf schwarzem Grund, 110 cm
- 1 grobzahniger, goldfarbener Metallreißverschluss, 32 cm (etwas länger als die Oberkante der Clutch)

Zuschneiden

0,75 cm breite Nahtzugaben sind in den Zuschnittmaßen bereits enthalten.

Aus Korkstoff Coluna straight:
1-mal 30 x 32 cm

Aus Korkstoff Laranja:
1-mal 30 x 32 cm

Aus Korkstoff Natural:
1-mal 12 x 0,5 cm
1-mal 8 x 6 cm

Aus Baumwollstoff:
2-mal 30 x 32 cm
2-mal 5 x 3 cm bzw. 5 cm x Breite des Reißverschlusses

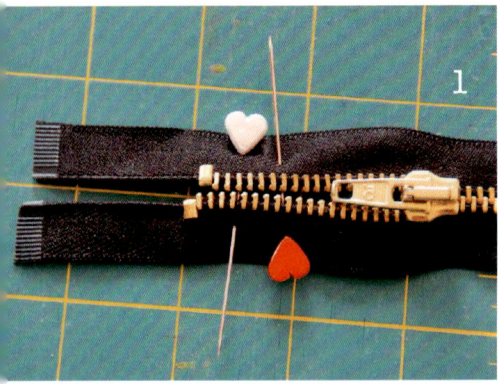

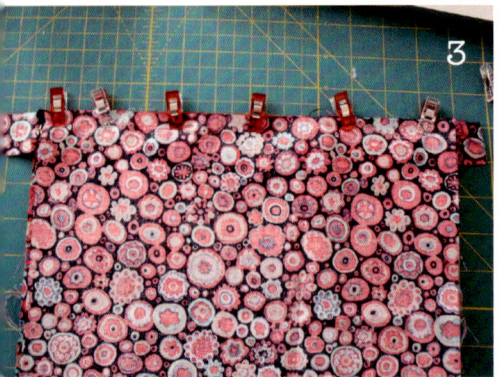

So wird's gemacht

Einen der Korkstoffzuschnitte mit der 30 cm langen Seite mittig auf den Reißverschluss legen und die Enden der Stoffkanten links und rechts mit Schneiderkreide auf dem Reißverschluss markieren. Dann die beiden kleinen Baumwollstücke zur Abdeckung des Reißverschlusses aufnähen. Eines der Stücke dazu rechts auf rechts an die äußere Markierung (Nahtzugabe 0,75 cm) legen.

Um den zweiten Korkstoffzuschnitt auf die gleiche Weise anzubringen, den Reißverschluss etwas öffnen und die beiden Hälften des Reißverschlusses evtl. mit ein paar Stecknadeln zusammenhalten (Abb. 1). Überstehender Reißverschluss wird auf 5 mm eingekürzt (nur der Reißverschluss, nicht die Abdeckung!). Die Abdeckung umklappen und knappkantig auf den Reißverschluss steppen.

Den so vorbereiteten Reißverschluss nun mit der rechten Seite nach unten bündig an die Oberkante eines der Korkstoffzuschnitte legen (Abb. 2). Darauf einen der Baumwollzuschnitte legen und alle drei Lagen mit Stoffklammern fixieren (Abb. 3). Mithilfe des Reißverschlussfußes nun alle drei Lagen feststeppen. Dabei jeweils genau an den Markierungen beginnen und enden.

Korkstoff und Futter umklappen, sodass der Reißverschluss freiliegt, und Außenteil und Futter knappkantig feststeppen. Zum Fixieren einige Klammern zu Hilfe nehmen. Diesen Schritt mit den beiden anderen Korkstoff- bzw. Baumwollzuschnitten an der anderen Seite des Reißverschlusses wiederholen. Den Reißverschluss bis etwa zur Hälfte öffnen und nun mithilfe von Klammern jeweils die beiden Außenseiten und die Futterteile aufeinander fixieren. Der Reißverschluss bzw. die Reißverschlussabdeckungen werden dabei nicht mit gefasst, sondern zur Seite geklappt. Dann Außen- und Futterteile zusammennähen, dabei an der Unterkante des Futterteils eine Wendeöffnung von ca. 12 cm lassen. Auch beim Nähen werden die Reißverschlussabdeckungen nicht mit eingefasst, sondern weggeklappt. Die Ecken an der Oberkante der Clutch etwas abschrägen und die Nahtzugabe des Futters auf ca. 3 mm einkürzen (Wendeöffnung aussparen).

Die Clutch durch die Wendeöffnung wenden und diese von Hand mit Leiterstichen zusammennähen. Das Futter in die Clutch stecken und besonders an allen vier Taschenecken sorgfältig ausformen.

Für die Troddel den schmalen Korkstreifen durch die Öse des Reißverschlusszippers fädeln. Auf der Rückseite des breiten Streifens mit Bleistift eine Linie 1 cm unterhalb der Oberkante markieren. Den Streifen mit einer scharfen Schere alle 3 mm einschneiden, dabei genau an der markierten Linie enden. Auf den unzerschnittenen Teil des Streifens Textilkleber geben und diesen eng um die beiden Enden des schmalen Streifens wickeln – und zwar so, dass der längste Teil der beiden Enden die Mitte der Troddel bildet. Die Troddel mit einer Klammer fixieren, bis der Textilkleber vollständig getrocknet ist.

Knips auf, knips zu!

BÜGELTASCHE

Größe: 15 x 15 cm (ohne Verschluss) • Schnittmuster 1a und b auf Bogen A

Material

- 75 x 20 cm Korkstoff Lineas
- 75 x 20 cm Futterstoff
- 1 Taschenverschluss, messingfarben, 12,5 x 5,5 cm
- 1 Taschenkette, messingfarben, mit 2 Karabinern
- Textilkleber
- Schraubenzieher

Vorbereitung

Gemäß den Schnittteilen 1a und b Schnittmuster anfertigen.

Zuschneiden

0,75 cm breite Nahtzugaben sind in den Schnitt-teilen bereits enthalten.

Jeweils aus Korkstoff Lineas und aus Futterstoff:
2-mal Schnittteil 1a (Taschenbeutel)
1-mal Schnittteil 1b (Seitenteil)

So wird's gemacht

Für die Außentasche das Kork-Seitenteil rechts auf rechts genau zwischen den ▲ an einen Kork-Taschenbeutel nähen, dabei treffen die Nahtzeichen ■ ebenfalls aufeinander. Die andere Seite des Seitenteils entsprechend an den anderen Taschenbeutel nähen. Den Futterbeutel genauso zusammen-nähen, dabei jedoch in einer Naht eine Wendeöffnung lassen.
Den Futterbeutel auf rechts wenden und in den äußeren Taschenbeutel stecken, sodass die Taschenbeutel rechts auf rechts und die Nähte jeweils aufeinanderliegen. An den oberen Kanten den Futter- und Außenbeutel zuerst an den Seitenteilen genau zwischen den Nahtenden zusammen-nähen, dabei die Nahtzugaben der zuvor geschlossenen Nähte nicht mitfassen. Dann die Taschenbeutel an der oberen Kante zwischen den ▲ ebenfalls genau von Nahtende zu Nahtende zusammennähen. Die Naht-zugaben an den Rundungen einschneiden und die Tasche wenden. Die Nahtzugaben an der Wendeöffnung nach links einschlagen und die Bruch-kanten mit der Nähmaschine möglichst knapp aufeinandernähen.
Die obere Kante bügeln und knappkantig absteppen. An einer Bügelseite im Inneren Kleber aufbringen, eine Taschenoberkante zwischen den ▲ mithilfe des Schraubenziehers in den Bügel schieben und trocknen lassen. Danach die andere Kante einkleben. Zum Schluss noch die Karabiner der Taschenkette in die Ösen am Verschluss einhängen.

Für kleine Schätze

MINI-ETUI

Größe: ca. 7 x 7 x 4 cm • Schnittteile 11a–c auf Bogen B

Material

- 10 x 15 cm Korkstoff in Farbe A
- 10 x 10 cm Korkstoff in Farbe B
- 10 x 15 cm Korkstoff in Farbe C
- 1 Druckknopf in Kontrastfarbe
  oder farblich passend

Vorbereitung

Gemäß den Schnittteilen 11a–c Schnittmuster anfertigen.

Zuschneiden

0,75 cm breite Nahtzugaben sind in den Schnittteilen bereits enthalten.

Aus Korkstoff in Farbe A:
1-mal Schnittteil 11a (Seitenteil)

Aus Korkstoff in Farbe B:
1-mal Schnittteil 11a (Seitenteil); alternativ beide Seitenteile aus einer Farbe zuschneiden

Aus Korkstoff in Farbe C:
1-mal Schnittteil 11b (Boden)
1-mal Schnittteil 11c (Lasche)

So wird's gemacht

Entsprechend den Markierungen (siehe Schnittteile 11a und b) die Nahtzugaben der Seitenteile und des Bodens mit kleinen Einschnitten als Ansatzpunkte versehen. Nun die beiden Seitenteile mit 5 mm Überlappung (siehe Schattierungen Schnittteil 11a) an zwei Schmalseiten links auf rechts aufeinanderlegen und zusammensteppen. Ebenso die beiden anderen Schmalseiten aufeinandersteppen, sodass ein Ring entsteht. Für eine schönere Optik und zur Stabilisierung die obere Kante schmalkantig absteppen. Nun die Lasche links auf rechts mittig (über einem Ansatzpunkt) auf ein Seitenteil legen. Die Lasche auf- und in einem Arbeitsgang die restliche Kante in der Runde zur Zierde schmalkantig absteppen. Die Ansatzpunkte des Bodens rechts auf rechts auf die Nähte bzw. Ansatzpunkte der unteren Kante des Seitenteils stecken. Die Längen zwischen den Markierungen gleichmäßig verteilen und das Seitenteil füßchenbreit festnähen. An einer Markierung beginnen, das Bodenteil liegt auf der Stichplatte, und bis kurz (0,75 cm) vor die Ecke nähen. Die Nadel im Korkstoff stecken lassen, das Füßchen anheben, den Seitenstreifen innerhalb der Nahtzugabe an der Ecke etwas einschneiden, den Boden um 90 Grad drehen, die Schnittkanten des Seitenstreifens wieder bündig zum Boden legen, das Füßchen wieder absenken und weiternähen. Darauf achten, dass sich die Ansatzpunkte nicht verschieben. Alle weiteren Ecken wie eben beschrieben arbeiten. Am Ende die Nahtzugaben an den Ecken bis zur Naht zurückschneiden. Danach das Etui wenden.

Nun entsprechend den Markierungen in den Schnittteilen 11a und c die Druckknöpfe in der Lasche und der gegenüberliegenden Seite des Seitenstreifens anbringen. Dabei die Richtung der Schließteile beachten. Die Seiten mit den Nähten nach innen falten, dann die Seite mit dem Druckknopf darauflegen und die Lasche mit dem Druckknopf darüberfalten und den Druckknopf schließen.

Federleichte Schmuckstücke

ARMBÄNDER

Größe: Länge gemäß Handgelenksumfang, 1 cm bzw. 1,5 cm breit

Material

Für das Armband mit Silberelement

- Korkstoff Lineas, ein Rest
- 1 magnetischer Verschluss für 1 cm breite Armbänder in Gürtelschnallenoptik
- 1 silberfarbenes Zierelement für 1 cm breite Armbänder

Für das zweifarbige Armband

- Korkstoff Carmin, ein Rest
- Korkstoff Natural, ein Rest
- 1 silberfarbener Verschluss für 1,5 cm breite Armbänder

Für das gewebte Armband

- Korkstoff Natural, ein Rest
- Korkstoff Carmin, ein Rest
- silberfarbener Verschluss für 1,5 cm breite Armbänder in Gliederkettenoptik
- Schaschlikspieß

Für alle 3 Armbänder

- Textilkleber
- doppelseitiges Klebeband für Textilien

Zuschneiden

Die Streifen werden wie zugeschnitten verarbeitet.

Für das Armband mit Silberelement

Aus Korkstoff Lineas:

1 Streifen à 2 cm x Handgelenksumfang minus 1,5 cm

Für das zweifarbige Armband

Aus Korkstoff Carmin:

1 Streifen à 3 cm x Handgelenksumfang minus 1,5 cm

Aus Korkstoff Natural:

1 Streifen à 0,5 cm x Handgelenksumfang minus 1,5 cm

Für das gewebte Armband

Aus Korkstoff Natural:

7 Streifen à 0,5 cm x Handgelenksumfang minus 1,5 cm

Aus Korkstoff Carmin:

1 Streifen à 1,2 cm x Handgelenksumfang minus 1,5 cm

So wird's gemacht

Armband mit Silberelement

Auf der Rückseite des Korkstreifens entlang der Längskanten doppelseitiges Klebeband für Textilien aufbringen und die Kanten so umklappen, dass sie sich genau entlang der Mitte treffen. Ggf. mit Stoffklammern fixieren und entlang der Längskanten knappkantig absteppen. Das Zierelement auffädeln und das Armband mit Textilkleber in den Verschlusshülsen befestigen.

Zweifarbiges Armband

Das Armband ebenso fertigen, wie für das Armband mit Silberelement beschrieben. Dann den schmalen Korkstreifen mit doppelseitigem Klebeband mittig auf der Vorderseite des Armbands fixieren und mit passendem Garn aufsteppen (Stichlänge 3 mm). Das Armband mit Textilkleber in den Verschlusshülsen befestigen.

Gewebtes Armband

Drei der hellen Korkstoffstreifen untereinanderlegen. Bei einem vierten Streifen mithilfe eines Schaschlikspießes einen kleinen Tropfen Textilkleber auf die Rückseite eines der Enden geben. Den Streifen links auf links an den oberen der drei Streifen (ca. 1,5 cm entfernt vom Rand) kleben. Den Streifen nach vorn umklappen, den mittleren Streifen darüberlegen und ebenfalls mit einem Tropfen Textilkleber fixieren. Den Streifen dann über den unteren Streifen führen (Abb. 1) und auf dessen Rückseite festkleben. Den Rest des Streifens knapp abschneiden und wieder auf der Rückseite des unteren Streifens festkleben. Den freien Streifen direkt daneben in entgegengesetzter Weise unter und über den drei Streifen durchführen (Abb. 2). In dieser Weise fortfahren, bis nur noch etwa 1,5 cm der drei Streifen übrig sind (Abb. 3).

Mit doppelseitigem Klebeband den roten Korkstreifen links auf links auf die Rückseite des Armbands kleben und dann von der Vorderseite der Länge nach einmal über jeden Querstreifen steppen.

Das Armband mit Textilkleber in den Verschlusshülsen befestigen.

Punktgenau

BRILLENETUI

Größe: 18 x 10 cm • Schnittteile 24a und b auf Bogen B

Material

- 40 x 20 cm Korkstoff Carmin
- 40 x 20 cm Korkstoff Azur
- 20 x 15 cm Korkstoff Laranja
- 1 Federverschluss, 9 cm breit
- doppelseitiges Klebeband für Textilien,
  4 mm breit
- 30 x 20 cm Bastelfilz in Hellblau
- Pappe

Vorbereiten

Gemäß den Schnittteilen 24a und b Schablonen
aus Pappe herstellen.

Zuschneiden

Die Teile werden wie zugeschnitten verarbeitet.

Aus Korkstoff Carmin:
2-mal 15 x 18 cm

Aus Korkstoff Azur:
2-mal 15 x 18 cm

Aus Korkstoff Laranja:
2-mal 7,5 x 11 cm

Aus Bastelfilz in Hellblau:
2-mal 15 x 18 cm

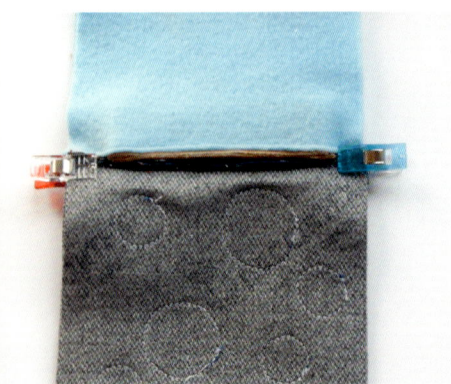

So wird's gemacht

Mithilfe der Schablonen gleichmäßig verteilt jeweils vier oder fünf kleine und große Kreise auf die Rückseiten der Korkstoffzuschnitte in Carmin zeichnen. Dabei darauf achten, die Kreise nicht näher als 1 cm an die Kanten des Materials zu zeichnen. Dann die Kreise mithilfe einer spitzen und scharfen Schere ausschneiden. Entlang der Kanten doppelseitiges Klebeband für Textilien auf die Rückseite der Korkstoffzuschnitte in Carmin kleben. Die Schutzfolie entfernen und bündig auf die Korkstoffzuschnitte in Azur kleben. Nun mit passendem blauen Nähgarn die Umrisse der Kreise umrunden. Dafür eine Stichlänge von 3 mm einstellen und den Nähfuß alle 3 bis 4 Stiche anheben, um ihn neu auszurichten und so eine schöne Rundung zu erreichen. Die unteren beiden Ecken der Korkstoffzuschnitte mithilfe eines Glases abrunden.

Um die Tunnel für den Federverschluss anzufertigen, beide Korkstoffzuschnitte in Laranja an den kurzen Seiten um 1 cm nach innen klappen und knappkantig absteppen. Dann der Länge nach auf die Hälfte falten und auch den Mittelfalz knappkantig absteppen. Sowohl von den Tunneln als auch von den carmin-azur-farbenen Korkteilen jeweils exakt die Mitte abmessen und diese mit einem kleinen Kugelschreiberstrich markieren. Jeweils einen Tunnel mit dieser Markierung exakt auf die entsprechende Markierung des carmin-azur-farbenen Korkstoffstücks legen. Darauf wiederum einen der Filzzuschnitte legen und das Ganze mit Stoffklammern fixieren (Abb. 1). Alle drei Stücke nun füßchenbreit und mit einer Stichlänge von 3 mm zusammensteppen. Diesen Schritt für die zweite Hälfte des Brillenetuis wiederholen. Dann beide Hälften mit den rechten Seiten aufeinanderlegen – und zwar so, dass die Filz- und die Korkseiten jeweils aufeinander zu liegen kommen. Das Ganze mit Klammern fixieren, dabei darauf achten, dass sich die Nähte am Übergang Filz/Korkstoff möglichst genau treffen (Abb. 2). Füßchenbreit einmal rundherum steppen, dabei eine ca. 10 cm breite Wendeöffnung an einer der langen Seiten des Filzes lassen. Die Nahtzugabe des Filzes auf ca. 3 mm zurückschneiden (die Wendeöffnung dabei aussparen). Das Etui durch diese Öffnung wenden, die Öffnung von Hand mit Leiterstich schließen und das Filzfutter sorgfältig in das Etui schieben.

Zum Schluss den Federverschluss in den Tunneln nach Herstellerangaben anbringen.

Kontrastreich gestaltet

Größe: 65 x 45 cm

Material

- 70 x 50 cm Korkstoff Granular
- 70 x 50 cm Textilfilz in Cremeweiß, 3 mm stark
- 40 x 50 cm Baumwollstoff mit knalligem Blumendruck
- 20 x 50 cm mittelfeste Bügeleinlage
- 4 Taschenecken mit 14 mm Kantenlänge, chromfarben
- doppelseitiges Klebeband für Textilien, 4 mm breit
- Textilkleber

Zuschneiden

Die Teile werden wie zugeschnitten verarbeitet.

Aus Korkstoff Granular:
1-mal 65 x 45 cm (Unterlage)

Aus Textilfilz:
1-mal 65 x 45 cm (Unterlage)

Aus Baumwollstoff:
1-mal 38 x 47 cm (Einsteckfach)

Bügeleinlage:
1-mal 18 x 45 cm (Einsteckfach)

So wird's gemacht

Den Baumwollstoff der Länge nach exakt auf die Hälfte falten. Dann die Bügeleinlage so einlegen, dass der Stoff an allen offenen Kanten möglichst genau 1 cm übersteht. Den Stoff gründlich überbügeln, sodass er sich mit der Einlage verbindet. Mit farblich passendem Garn die gefaltete Längskante knappkantig absteppen.

Entlang der offenen Kanten nun auf der rückwärtigen Seite des späteren Einsteckfachs doppelseitiges Klebeband für Textilien aufbringen. Das Einsteckfach an der linken Seite auf das quer liegende Korkstoffstück legen – und zwar so, dass die Einlage bündig an allen drei Kanten anliegt, während der Stoff übersteht. Die Schutzfolie des Klebebands abziehen und den Stoffüberstand sorgfältig auf die Rückseite des Korkstoffes umklappen. Das so präparierte Stück nun bündig auf den Filzzuschnitt legen und das Ganze rundherum mit Stoffklammern fixieren. Mit farblich passendem Garn in ca. 5 mm Abstand zur Kante einmal rundherum steppen. Zum Schluss an den Ecken der Schreibtischunterlage mithilfe von Textilkleber die Taschenecken anbringen.

Mit einem Zug

SMARTPHONEHÜLLE MIT HERAUSZIEHHILFE

Größe: ca. 10 x 16 cm • Schnittteil 3 auf Bogen A

Material

- 15 x 40 cm Korkstoff Coluna straight
- 15 x 40 cm Bastelfilz in Braun, ca. 1 mm dick
- 15 x 40 cm doppelseitiges Haftvlies
- 30 cm Ripsband in Braun, 2 cm breit
- 1,5 cm Klettband (Haken- und Flauschband), 1,5 cm breit
- Backpapier

Vorbereitung

Gemäß Schnittteil 3 ein Schnittmuster anfertigen.
Für ein Schnittmuster mit abweichenden Maßen das Smartphone auf ein Blatt Papier legen und die Umrisse abzeichnen. Die Linien mit einem Lineal begradigen und parallele Linien im Abstand von ca. 1,5 cm (ausreichend für Geräte mit einer Dicke von 1 cm) außerhalb der Linien zeichnen. Die Ecken nach Wunsch abrunden. Eine Griffmulde (z. B. mithilfe einer Untertasse) auf eine Schmalseite zeichnen.

Zuschneiden

Die Schnittteile werden wie zugeschnitten verarbeitet.
Aus Korkstoff Coluna straight:
2-mal Schnittteil 3 bzw. Hüllenteil entsprechend Ihrem Schnittmuster/Ihrer Maße
Aus Bastelfilz:
2-mal Schnittteil 3 bzw. Hüllenteil entsprechend Ihrem Schnittmuster/Ihrer Maße
Aus Haftvlies:
2-mal Schnittteil 3 bzw. Hüllenteil entsprechend Ihrem Schnittmuster/Ihrer Maße

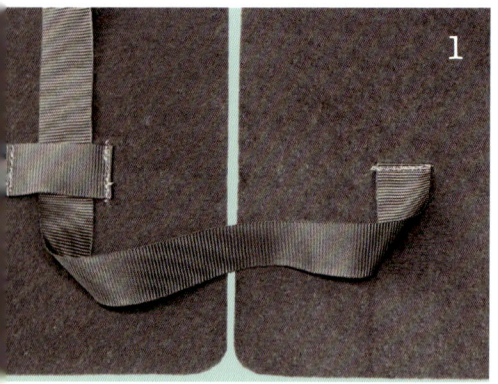

So wird's gemacht

Zunächst auf je eine Seite des Filzes das Haftvlies aufbügeln. Zum Schutz von Material, Bügeleisen und -brett am besten Backpapier unter und auf das Material legen. Nun die Herausziehhilfe arbeiten: Mit 6 cm Abstand von der unteren Schmalkante mittig und quer ein ca. 3 cm langes Ripsband an seinen Enden als Schlaufe auf ein Filzteil nähen (Abb. 1). Auf das andere Filzteil mit ca. 6,5 cm Abstand von der unteren Schmalkante ein Ende des Ripsbandes so aufnähen, dass es längs zum Hüllenteil liegt (siehe Schnittteil 3 und Abb. 1). Auf die rechte Seite eines Korkstoffteils mit ca. 3 cm Abstand von der oberen Schmalseite mittig das Flauschband des Klettverschlusses aufnähen (siehe Schnittteil 3). Nun das Schutzpapier vom Haftvlies abziehen und den Filz mit der Vliesseite auf die linke Seite des Korkstoffteils legen. Die Lagen durch Bügeln auf der Filzseite verbinden. Zum Schutz wieder alles mit Backpapier abdecken.

In das Hüllenteil mit dem aufgenähten Klettband an der oberen Kante eine ovale Griffmulde (siehe Schnittteil 3) aus dem Teil ausschneiden. Dann jeweils die oberen Kanten der beiden Hüllenteile schmalkantig von ★ bis ★ absteppen. Danach für die Herausziehhilfe das angenähte lange Ripsband der einen Seite von unten durch die Ripsbandschlaufe der anderen Seite ziehen (siehe Abbildung). Das unvernähte Ende des langen Ripsbandes um ca. 5 mm einschlagen und auf diesen Umschlag bündig das Hakenband des Klettverschlusses nähen. Dabei darauf achten, dass das Band sich nicht beim Verschließen verdreht. Danach beide Teile mit den Filzseiten rundum bündig aufeinanderlegen. Alle Lagen schmalkantig von ★ bis ★ zusammensteppen (die oberen Kanten offen lassen). Abschließend überstehende Ränder abschneiden, sodass alle Lagen exakt eine Kante haben.

Nun lässt sich das Smartphone ganz einfach hineinschieben und mit dem Band wieder herausziehen.

Verdrehte Welt

SPIRALMÄPPCHEN UND -SCHLÜSSELANHÄNGER

Größe: ca. 26 bzw. 12 cm lang (von Spitze zu Spitze gemessen) • Schnittteile 7a–c auf Bogen A

Material

Für das zweifarbige Spiralmäppchen
• je 30 x 10 cm Korkstoff Lineas und Korkstoff Carmin

Für das einfarbige Spiralmäppchen
• 30 x 10 cm Korkstoff Lineas

Jeweils für beide Spiralmäppchen
• 90 cm teilbarer Reißverschluss, eine Seite mit 1 Zipper
• doppelseitiges Klebeband für Textilien

Schlüsselanhänger
• 15 x 6 cm Korkstoff Lineas
• 50 cm teilbarer Reißverschluss, eine Seite mit 1 Zipper
• Schlüsselring

Für das einfarbige Spiralmäppchen
Aus Korkstoff Lineas:
1-mal Schnittteil 7a

Für den Schlüsselanhänger
Aus Korkstoff Lineas:
1-mal Schnittteil 7b für die lange Variante oder Schnittteil
7c für die kurze Variante
1-mal 2 x 3 cm (Schlaufe)

Vorbereiten

Gemäß den Schnittteilen 7a–c Schnittmuster anfertigen.

Zuschneiden

Die Schnittteile werden wie zugeschnitten verarbeitet.

Für das zweifarbige Spiralmäppchen
Aus Korkstoff Lineas:
1-mal Schnittteil 7a
Aus Korkstoff Carmin:
1-mal Schnittteil 7a

So wird's gemacht

Zweifarbiges Spiralmäppchen

In den Korkstoff Lineas Kreise oder auch andere Formen schneiden. Für die Kreise zum Beispiel unterschiedlich große Garnrollen oder kleine Gläschen als Schablonen verwenden. Ein paar Streifen doppelseitiges Klebeband auf die linke Seite des Korkstoffs Lineas kleben, das Schutzpapier abziehen und dann rechts auf links auf den Korkstoff Carmin kleben. Die Schnittränder der ausgeschnittenen Formen schmalkantig auf den Korkstoff Carmin steppen (Abb. 1). Dazu das Reißverschlussfüßchen oder einen transparenten Fuß für diese Inversapplikation verwenden.

* Das Reißverschlussband (nur eine Seite) rechts auf links unter den Korkstoff legen, sodass die Zähne neben der Korkstoffkante liegen und nach oben zeigen. Dabei an der Markierung (siehe Schnittteil 7a) beginnen und ca. 5 mm vorher enden. Hierbei das Reißverschlussband jeweils ca. 2 cm überstehen lassen, damit sich der Zipper aufziehen lässt. Den Reißverschluss mit ca. 2 mm Abstand zur Schnittkante und am besten mit dem Reißverschlussfüßchen festnähen (Abb. 2). Den Zipper mit der runden breiten Seite auf die Zähne eines Bandendes aufziehen. Am zweiten Bandende die Zähnchen auf den letzten 3 mm abschneiden, das zweite Bandende einfädeln, etwas zuziehen und die Reißverschlussenden mit ein paar Stichen verriegeln. Wird der Reißverschluss komplett geschlossen, verdreht sich das Mäppchen automatisch.

Einfarbiges Spiralmäppchen

Wie für das zweifarbige Spiralmäppchen ab * beschrieben arbeiten.

Schlüsselanhänger

Das kleine Korkstoffstück der Länge nach falten und die Schnittkanten schmalkantig feststeppen. Den Streifen zu einer Schlaufe legen und diesen mit ein paar Stichen entsprechend der Markierung unter dem Korkstoffschnittteil 7b/c fixieren. Die Schlaufe zeigt nach außen. Nun weiterarbeiten wie für das zweifarbige Spiralmäppchen ab * beschrieben. Zuletzt den Schlüsselring durch die Schlaufe ziehen.

Ruckzuck aufgestellt

FALTBARES KÖRBCHEN

Größe: ca. 30 x 30 cm • Schnittteil 10 auf Bogen A

Material
- 40 x 40 cm Korkstoff Mosaico bunt
- 40 x 40 cm Korkstoff Dunkelbraun
- 4 Druckknöpfe (z.B. Kam Snaps)

Vorbereiten
Gemäß Schnittteil 10 ein Schnittmuster anfertigen.

Zuschneiden
Das Schnittteil wird wie zugeschnitten verarbeitet.
Aus Korkstoff Mosaico bunt:
1-mal Schnittteil 10
Aus Korkstoff Dunkelbraun:
1-mal Schnittteil 10

So wird's gemacht
Die beiden Schnittteile links auf links passgenau aufeinanderlegen, die Schnittkanten mit Stoffklammern fixieren. An einer Ecke beginnen und die Schnittkanten rundum schmalkantig (ca. 2–3 mm) zusammensteppen. Zur Stabilisierung noch ein Quadrat auf dem Bodenteil absteppen. Dazu jeweils eine Gerade zwischen den Innenecken steppen (siehe gestrichelte Linie im Schnittteil).
Die Punkte für die Druckknöpfe in den Ecken markieren. Dann jeweils an den leicht abgeschrägten Ecken das männliche Teil und an den geraden Ecken das weibliche Teil gemäß Herstellerangaben anbringen. Dabei die Richtung der Schließteile beachten. Zum Aufstellen einfach die Druckknöpfe schließen. Das Körbchen lässt sich wenden, je nachdem, welche Seite außen liegen soll.

Klein, aber oho

MINI-GELDBEUTEL

Größe: ca. 10 x 7 cm • Schnittteile 26a–c auf Bogen B

Material

• 15 x 15 cm Korkstoff Coluna straight
• 35 x 30 cm Korkstoff Natural
• 1 Druckknopf (z.B. 1 Kam Snap)

Vorbereiten

Gemäß Schnittteilen 26 a–c Schnittmuster
anfertigen.

Zuschneiden

0,75 cm breite Nahtzugaben sind in den
Schnittteilen bereits enthalten.
Aus Korkstoff Coluna straight:
1-mal Schnittteil 26a (Außenteil)
Aus Korkstoff Natural:
1-mal Schnittteil 26a (Innenteil)
1-mal Schnittteil 26b (Kartenfach); alternativ
aus Baumwollstoff zuschneiden
1-mal Schnittteil 26c (Kleingeldfach); alternativ
aus Baumwollstoff zuschneiden

So wird's gemacht

Zunächst die Innenfächer für den Geldbeutel arbeiten. Dazu das Kartenfach entlang der gepunkteten Linie links auf links falten. Dann bündig auf
das Innenteil legen und die drei offenen Schnittkanten zusammensteppen.
Nun das Kleingeldfach der Länge nach entlang der gepunkteten Linie links
auf links falten (Faltung 1). Dann das Teil so falten, dass die kurzen Schnittkanten übereinanderliegen (Faltung 2). Im Abstand von 6 cm von den offenen
Kanten alle vier Lagen Korkstoff mit einer Quernaht zusammensteppen. Die
offenen Enden nach außen legen und die geschlossene Schlaufe so falten,
dass die vordere Mitte (10 cm Abstand zur Naht, siehe Schnittteil 26c: Linie
2. Faltung) direkt auf der Naht liegt (Abb. 1). Rechts und links steht jeweils
1 cm über. Dieses gefaltete Teil mit der Naht nach unten und mit den
Schnittkanten bündig auf das Kartenfach legen. Auch diese offenen Kanten
innerhalb der Nahtzugabe zur Fixierung zusammensteppen.
Nun das Außenteil rechts auf rechts passend auf das Innenteil legen und
die Kanten bis auf eine Wendeöffnung von ca. 6 cm zusammensteppen.
Die Nahtzugaben an den Ecken bis an die Naht zurückschneiden und den
Geldbeutel wenden. Die Wendeöffnung mit einem Staffierstich von Hand
zunähen.
Um den Geldbeutel zu schließen, nun in die vordere Mitte des Kleingeld-
faches einen Teil des Druckknopfes eindrücken, die Schließseite zeigt nach
außen. In die vordere Mitte des Deckels die andere Hälfte des Druckknopfes
arbeiten, die Schließseite liegt auf dem Innenteil.

Highlight fürs Outfit

GÜRTEL

Größe: 118 x 4 cm • Schnittteil 21a und Schemazeichnung 21b auf Bogen B

Material

- 130 x 20 cm Korkstoff Mosaico fein
  (je nach Gürtellänge mehr)
- 1 Packung (ca. 100 Stück) quadratische, silberfarbene Metallnieten in verschiedenen Größen
- 2 silberfarbene Hohlnieten für 4 mm
  starkes Material
- 5 silberfarbene Ösen mit Scheiben, Ø 8 mm
- 1 silberfarbene Gürtelschnalle, 4 cm breit
- Textilkleber
- doppelseitiges Klebeband für Textilien,
  4 mm breit
- Lochzange
- Ösenzange oder Hammer

Zuschneiden

Die Teile werden wie zugeschnitten verarbeitet.

Aus Korkstoff Mosaico fein:
2 Streifen von 118 x 4 cm (Gürtel)
1-mal 5,5 x 13 cm (Gürtelschlaufe)

So wird's gemacht

Auf einem der beiden langen Korkstreifen mit Bleistift zwei kleine Markierungen anbringen: eine Markierung in 23 cm Entfernung zu einem Ende und eine weitere Markierung in 10 cm Abstand zum anderen Ende. Innerhalb dieser Markierungen den Streifen nun mit den Nieten verzieren, dazu die Nieten in kleinen Grüppchen in verschiedenen Größen anbringen. Dabei jeweils einen Abstand von mindestens 1 cm zum Rand einhalten. Auf der Rückseite dieses Streifens entlang der Längskanten das doppelseitige Klebeband für Textilien aufbringen. Die Schutzfolie entfernen und diesen Streifen links auf links möglichst exakt bündig auf den zweiten Streifen kleben, ggf. beide Streifen zusätzlich mit Klammern aufeinander fixieren. Das Ende mit der 23-cm-Markierung mithilfe von Schnittteil 21a als Vorlage zu einer Gürtelspitze zuschneiden. Dann mit farblich passendem Garn einmal knappkantig entlang der gesamten Außenkante absteppen (Stichlänge 3 mm).

Für die Löcher des Gürtels mithilfe der Lochzange 10 cm von der Spitze entfernt 5 Löcher im Abstand von jeweils 2,5 cm stanzen. Diese Löcher anschließend nach Herstellerangaben mit jeweils einer Öse verstärken. Am anderen Ende des Gürtels in etwa 6 cm Entfernung zum Gürtelende ein Loch mit der Lochzange stanzen.

Aus dem kleineren Korkstreifen die Schlaufe für den Gürtel anfertigen. Dazu den Streifen längs zur Hälfte legen und beidseitig knappkantig absteppen (Stichlänge 3 mm). Dann zu einem Ring formen, der genau um den Gürtel passt, und die Enden überlappend mit Textilkleber zusammenkleben. Die Klebestelle mit einer Stoff- oder Wäscheklammer fixieren.

Die Schlaufe nun über das eben zuletzt mit einem Loch versehene Ende des Gürtels schieben. An diesem Loch die Gürtelschnalle anbringen. Dazu den Dorn der Schnalle durch dieses Loch stecken und das überstehende Gürtelstück so um die Schnalle herumklappen, dass es die Schlaufe umschließt. Das Gürtelende am Gürtel fixieren. Dazu nach Herstellerangaben zwei Hohlnieten im Abstand von ca. 1,5 cm anbringen. Die Schlaufe ist nun innerhalb des umgeklappten Gürtelendes befestigt.

Sportlicher Begleiter

Größe: ca. 37 x 29 cm

Material

- 35 x 85 cm Korkstoff Coluna straight
- 35 x 85 cm einfarbiger Baumwollstoff
- 3 m Baumwollkordel in Braun
- 10 Ösen, Ø 14 mm
- Hammer

Zuschneiden

1,5 cm breite Nahtzugaben sind in den Zuschnittmaßen bereits enthalten.

Aus Korkstoff Coluna straight:

1-mal 33 x 79 cm

Aus Baumwollstoff :

1-mal 33 x 79 cm

Baumwollkordel:

2-mal 150 cm

So wird's gemacht

Für die Außenseite und das Futter jeweils die Zuschnitte der Breite nach (auf 33 x 39,5 cm) rechts auf rechts falten und die Seitenkanten zusammennähen. Im Futter eine Wendeöffnung offen lassen. Die Nahtzugaben so weit wie möglich vorsichtig auseinanderbügeln. Die Nahtzugaben an den Ecken schräg zurückschneiden.

Außentasche und Futter rechts auf rechts ineinanderstecken. Die Oberkanten ringsum zusammennähen. Den Beutel durch die Wendeöffnung im Futter wenden und bügeln. Die Wendeöffnung von Hand schließen. Ringsum an der Oberkante knappkantig absteppen.

Gemäß Herstellerangaben die Ösen an folgenden Stellen einschlagen: in den unteren Ecken jeweils 2,5 cm von der Seiten- und Unterkante entfernt, 2,5 cm unterhalb der Oberkante ca. 3,75 cm von der Seitennaht entfernt und dann jeweils im Abstand von ca. 7 cm.

Die Baumwollkordeln jeweils mithilfe einer Sicherheitsnadel gegenläufig durch die vorderen und rückwärtigen Ösen fädeln, sodass an beiden Seiten jeweils Anfang und Ende einer Kordel herausschauen. Jeweils das Ende einer Kordel durch eine Öse an der Unterkante fädeln und mit dem anderen Ende der Kordel verknoten.

Im richtigen Winkel

E-BOOK-READER-HÜLLE MIT AUFSTELLFUNKTION

Größe: für einen E-Book-Reader von ca. 12 x 17 cm • Schemazeichnung 4 auf Bogen A

Material
- 20 x 40 cm Korkstoff Azur
- 20 x 40 cm Korkstoff Granular
- 30 cm Gummiband in Schwarz, 12 mm breit
- Kunststoff-Platzset (zur Stabilisierung)

Zuschneiden

1 cm breite Nahtzugaben sind in den Zuschnittmaßen bereits enthalten.

Aus Korkstoff Azur:
1-mal 15 x 39 cm (äußeres Hüllenteil)

Aus Korkstoff Granular:
1-mal 15 x 39 cm (inneres Hüllenteil)

Aus dem Platzset:
1-mal 12 x 17 cm = Länge x Breite des Gerätes (Stabilisierungsplatte)
3-mal 5,7 cm x 12 cm = 1/3 der Länge x Breite des Gerätes (Stabilisierungsplatten)

Hinweis: Für ein Schnittmuster mit abweichenden Maßen das Gerät vermessen und entsprechend 1–2 cm Materialspielraum plus 1 cm Nahtzugabe hinzugeben. Die Ansatzpunkte für die Gummibänder entsprechend anpassen. Die Stabilisierungsplatten entsprechen der Gerätebreite mal 1/3 der Gerätelänge.

kugelrunden Buddha aus Jade, den sie einem Straßenhändler in Saigon abgekauft hatte, ein uraltes Bild aus Reispapier, das die Aussicht auf einen Berg zeigte, und zwei zauberhafte Windspiele, eines für sich selbst und eines für ihre Großmutter. Besonders stolz war sie auf das Mitbringsel für ihren Verlobten Robert. Es war ihr gelungen, von denen es hieß, dass sie Glück bringen würden. Sie stammten uralte Drachenmünzen aufzutreiben, von denen aus dem Jahr 1654 und waren ihr von einem Straßenhändler angeboten worden. Sie stammten Ohne lange zu überlegen, hatte sie zugegriffen, um sich dann stundenlang mit der Frage zu martern, ob diese Münzen nicht irgendwo gestohlen worden waren. Nachdem ihre Pensionswirtin ihr versichert hatte, dass solche Münzen öfter in alten Häusern aufrauchten und sicher alles mit rechten Dingen zugegangen war, hatte sie sie mit rechten Dingen blemlos durch den Zoll bekommen. Da auch das nächste Gepäckstück nicht ihr Koffer war, zog sie ihr Handy aus der Jackentasche und pro-

Seite 7 von 38)

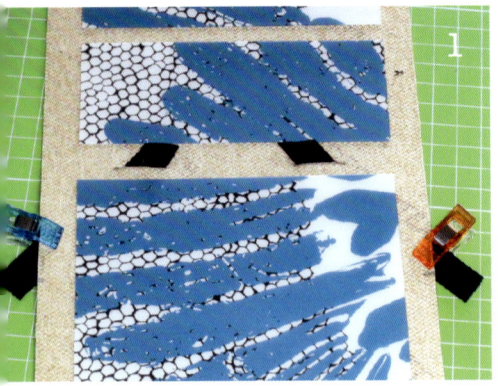

So wird's gemacht

Für die Gerätehalterung zunächst auf dem inneren Korkstoffteil in Granular die Ansatzpunkte für die Gummibänder anhand der Schemazeichnung markieren. Dann die beiden kleinen Schlitze in das innere Korkstoffteil schneiden und von der rechten Seite jeweils ein Ende eines kurzen Gummis durch den Schlitz ziehen. Das andere Ende entsprechend der Markierung auf die Nahtzugabe legen. Alle Enden feststeppen. An den unteren Ecken ebenfalls die Enden der kurzen Gummibänder auf die Nahtzugabe nähen.

Für das Verschlussgummi auf die Nahtzugabe der langen Seiten im oberen Bereich ebenfalls wie eingezeichnet das lange Gummiband an seinen Enden mit ein paar Stichen festnähen. Nun das äußere Hüllenteil aus Korkstoff Azur rechts auf rechts passgenau auf das innere Hüllenteil aus Korkstoff Granular legen und an den Kanten mit Stoffklammern fixieren. Eine Längskante, die Schmalseite mit dem Gummiband und die andere Längskante zusammennähen. Die Nahtzugaben an den Ecken bis zur Naht zurückschneiden und das Korkstoffteil wenden. Jetzt die Stabilisierungsplatten für die Aufstellfunktion einarbeiten. Dazu ein paar Streifen doppelseitiges Klebeband für Textilien auf die Platten kleben und das Schutzpapier abziehen. Die Stepplinien (1/3 des Deckels) zur Fixierung der Platten auf dem Korkstoff Azur markieren. Zunächst eine schmale Stabilisierungsplatte bis an die obere Schmalkante schieben (für die Position der Platten siehe Abb. 1 und Schemazeichnung). Die Platte mittig ausrichten und diese dann mit dem doppelseitigen Klebeband auf die Korkstoffrückseite drücken. Danach die erste quer verlaufende Fixierungslinie unterhalb der Stabilisierungsplatte an der Markierung steppen. Nun die noch folgenden Platten nach und nach zwischen die Korkstofflagen schieben, diese mit Klebeband befestigen und jeweils eine Fixierungsnaht steppen. Die unterste Naht ist die Wendeöffnung. Nun die große Stabilisierungsplatte (12 x 17 cm) einschieben. Dann die Wendeöffnung mit einer Staffiernaht von Hand oder schmalkantig mit einem Steppstich der Nähmaschine schließen.

Das Gerät nun zwischen die Eckspanner klemmen, das dreigeteilte Taschenteil darüberklappen und mit dem Gummiband schließen. Zum Lesen den Deckel zu einem Dreieck falten und das Gerät aufstellen.

Alles am Platz

SOFA-UTENSILO

Größe: ca. 32 x 90 cm • Schemazeichnungen 9a und b auf Bogen A

Material
- 40 x 75 cm Korkstoff Laranja
- 40 cm fester Baumwollstoff, 140 cm breit
- 60 cm Baumwollstoff, 140 cm breit
- 15 x 50 cm Korkstoff Mosaico bunt
- 15 x 45 cm Korkstoff Mosaico fein
- 1 m Bleiband oder schwere Stange, 30 cm lang

Zuschneiden
0,75 cm breite Nahtzugaben sind in den Zuschnittmaßen
bereits enthalten.

Aus Korkstoff Laranja:
1-mal 34 x 66 cm (Utensilo)

Aus festem Baumwollstoff:
1-mal 34 x 100 cm (Utensilo-Futter)

Aus Baumwollstoff:
1-mal 14 x 50 cm (breite, untere Tasche)
1-mal 12 x 42 cm (schmale, obere Tasche)
1-arml 26 x 52 cm (Zeitungsschlaufe)

Aus Korkstoff Mosaico bunt:
1-mal 14x 50 cm (breite, untere Tasche)

Aus Korkstoff Mosaico fein:
1-mal 12 x 42 cm (schmale, obere Tasche)

So wird's gemacht

Zunächst werden die aufgesetzten Taschen vorbereitet. Hierzu jeweils die beiden passenden Taschenteile aus Korkstoff und Baumwollstoff rechts auf rechts aufeinanderstecken und beim breiten Taschenteil eine und beim schmalen Taschenteil beide Längsseiten zusammensteppen. Beide Teile wenden, die Bruchkanten schön ausbügeln und die obere Kante schmalkantig absteppen. Anhand der Schemazeichnung 9a die Markierungspunkte für die Kellerfalten auf den Taschenteilen und die Ansatzpunkte auf dem Utensilo in Laranja markieren. Nun die Kellerfalten entsprechend der Markierungen in die Korktaschen falten, mit Klammern fixieren und die Kanten vorsichtig mit dem Bügeleisen einbügeln. Die breite Tasche mit der Stoffseite auf das untere schmale Ende des Kork-Utensilos legen, sodass alle Schnittkanten bündig übereinanderliegen. Die seitlichen Kanten zusammennähen und die beiden Taschenunterteilungen in der Mitte der Kellerfalte entsprechend der Markierungen steppen (Abb. 1). Die untere Kante im Bereich der Nahtzugabe auf das Utensilo nähen. Die Falte der schmaleren Tasche wie eben beschrieben gemäß Schemazeichnung 9b arbeiten. Auch hier zunächst die Seiten, dann die Faltenmitte und abschließend die untere Kante mit ca. 5 cm Abstand zur oberen Kante des großen Taschenteils auf das Utensilo steppen.

Für die Zeitungsschlaufe den Stoff längs mittig rechts auf rechts falten, sodass die kurzen Seiten aufeinandertreffen. Die seitlichen Kanten zusammensteppen, an den Ecken die Nahtzugabe bis an die Naht zurückschneiden und das Teil wenden. Die Schlaufe schön ausbügeln. Nun die Schlaufe mit den offenen Kanten mittig und bündig an eine Schmalseite des langen Futterstoffes legen und diese Kante feststeppen. Die Schlaufe glatt streichen und die obere Umbruchkante auf das Futter stecken. Diese Kante schmalkantig aufsteppen. Den Futterstoff rechts auf rechts bzw. Taschen auf Taschen passgenau aufeinanderlegen und zunächst die Schmalseiten zusammensteppen. Ab dem unteren Ende mit den Taschen den Stoff zu einem langen Streifen glatt streichen. Die Seiten mit Stoffklammern fixieren und eine Längsseite ganz und die andere bis auf eine Wendeöffnung von ca. 10 cm im Bereich des Stoffs zusammennähen. Auch hier die Nahtzugaben an den Ecken bis zur Naht zurückschneiden und das Teil wenden.

Nun das Bleiband dreifach gefaltet oder die schwere Stange in das Teil einlegen und bis in den Stoffumbruch schieben. Parallel zum Bruch eine Quernaht steppen, damit das Bleiband bzw. die Stange nicht verrutschen kann. Die Wendeöffnung mit einem Staffierstich von Hand schließen oder sehr schmal mit der Maschine zusteppen.

Impressum

Entwurf, Realisation und Stepfotos: Carmen Dahlem (S. 30–35,
38/39, 48/49, 58–65, 72–77), Cecilia Hanselmann (S. 14–17,
21–23, 26–29, 36/37, 70/71), Ella Hartmann (S. 24/25, 40–45,
50–57, 68/69), Beate Schmitz (S. 18–20, 46/47)
Fotos: Uli Glasemann
Technik- und Materialfotos: Carmen Dahlem
Styling: Elke Reith
Redaktion: Angelika Klein
Lektorat: Regina Sidabras
Gesamtgestaltung und Satz:
GrafikwerkFreiburg
Reproduktion: RTK & SRS mediagroup GmbH
Druck und Verarbeitung: Polygraf Print, Slowakei

© 2015 Christophorus Verlag GmbH & Co. KG, Freiburg
Alle Rechte vorbehalten.

ISBN 978-3-8410-6397-7
Art.-Nr. OZ6397

Hersteller

Alles für Selbermacher, Hamburg
Inh. Nadine Masuhr e.K.
www.alles-fuer-selbermacher.de

buttinette Textil-Versandhaus GmbH, Wertingen
www.buttinette.com

fabfab GmbH, Schenefeld
www.stoffe.de

Freudenberg KG, Vertrieb Vlieseline, Weinheim
www.vlieseline.de

Kurt Frowein GmbH & Co. KG, Wuppertal
www.kurt-frowein.de

Incorknito, Hannover
Inh. Carmo da Silva
www.incorknito.de

Landwirtschaftsverlag GmbH, Münster
www.korkshop.de

Prym Consumer GmbH, Stolberg
www.prym-consumer.com

☎ Kreativ-Service

Sie haben Fragen zu den Büchern und Materialien? Frau Erika Noll ist für Sie da und berät Sie rund um
alle Kreativthemen. Rufen Sie an! Wir interessieren uns auch für Ihre eigenen Ideen und Anregungen.
Sie erreichen Frau Noll per E-Mail: mail@kreativ-service.info oder Tel.: +49 (0) 5052 / 91 18 58 Montag bis
Donnerstag: 9–17 Uhr / Freitag: 9–13 Uhr

Besuchen Sie uns im Internet: www.christophorus-verlag.de